职业院校学生主题班会活动系列教材

河北省教育科学“十三五”规划课题成果

河北省职业教育科学研究“十三五”规划课题成果

职业学校阳光心理健康教育团体心理辅导教程

第2版

主　编　苗红玉

副主编　刘明丽　杨丽芳

参　编　吴改娟　冯　娟　马立坤
　　　　张晓利　杨　平　王爱英
　　　　周婉婷　王玉民　李　灿
　　　　吴会利

机械工业出版社

本书是河北省职业教育科学研究“十三五”规划课题《中等职业学校心理育人模式的探索研究》（课题编号：**JZY19234**）和河北省教育科学“十三五”规划课题《中等职业学校心理健康教育模式的探索与研究》（课题编号：**1904217**）的研究成果。

本书立足中职学生心理发展特点和心理需求，抓住培养学生健康心理这条主线，内容涵盖了自我意识发展、学习潜能开发、情绪情感调控、人际交往指导、生涯规划设计等，结构清晰、图文呼应、可操作性强。每一节团体辅导活动有背景、有目标、有准备、有过程，强调学生在活动中的参与、分享和主观体验。最后一部分设置了“活动案例”栏目，将心理辅导的专业知识融入真实辅导案例中，并提出与课程主题相契合的思考题目，进一步延展了团体辅导的深度和广度。

本书不仅适用于职业学校的班主任老师和学生，同样也适用于普通中学的相关群体，也是德育科研人员和管理人员的必备工具书。

图书在版编目（CIP）数据

职业学校阳光心理健康教育：团体心理辅导教程 / 苗红玉主编. —2版. —北京：机械工业出版社，2022.8

职业院校学生主题班会活动系列教材

ISBN 978-7-111-71837-6

Ⅰ. ①职… Ⅱ. ①苗… Ⅲ. ①集体心理学—心理辅导—中等专业学校—教材 Ⅳ. ①C912.2

中国版本图书馆CIP数据核字（2022）第193940号

机械工业出版社（北京市百万庄大街22号 邮政编码100037）

策划编辑：宋 华　　责任编辑：宋 华 邢小兵

责任校对：韩佳欣 张 薇

责任印制：张 博

北京建宏印刷有限公司印刷

2023年1月第2版第1次印刷

184mm×260mm · 10.25印张 · 233千字

标准书号：ISBN 978-7-111-71837-6

定价：35.00元

电话服务　　网络服务

客服电话：010-88361066　　机 工 官 网：www.cmpbook.com

010-88379833　　机 工 官 博：weibo.com/cmp1952

010-68326294　　金 书 网：www.golden-book.com

封底无防伪标均为盗版　机工教育服务网：www.cmpedu.com

前　言

中职学生处于身心发展的重要时期，他们精力充沛、记忆力强、思维敏捷、情感丰富，但生理和心理发展尚不成熟，面对日益复杂的社会环境和学习就业的压力，经常在人际交往、自我意识、情绪情感和升学就业等方面遇到各种心理问题和困惑。因此，面向全体中职学生开展心理健康教育辅导活动具有重要的现实意义。

教育部印发的《中等职业学校学生心理健康教育指导纲要》（以下简称《指导纲要》）明确提出心理健康教育的目标包括：提高全体学生的心理素质，帮助学生树立心理健康意识，培养学生乐观向上的心理品质，增强心理调适能力，促进学生人格的健全发展等。

为贯彻落实《指导纲要》精神，全面推进河北省的心理健康教育水平，我们以“积极心理健康教育学”理论为基础，以培养学生健康人格、良好心理素质为宗旨，认真研究阳光心理、积极精神和正确价值观念，组织修订编写了《职业学校阳光心理健康教育　团体心理辅导教程》一书。在第 1 版的基础上，更新、修改了部分活动和案例，新增了预防艾滋、远离毒品等内容，以满足教学需要，强调学生的健康成长与成才，落实立德树人的根本任务。

本书以课例的形式编排，以积极心理健康教育内容为主线，以团体心理辅导活动为载体，内容分为认识与悦纳、调控与自律、适应与积累、沟通与支持、选择与规划、感悟与珍爱六部分，旨在引导学生认识自我、悦纳自我、学会学习、学会生活、学会交往，能够进行自我心理调适和生涯规划，培养理性的思维、健康的心态和良好的品质，促进学生身心和谐发展，树立正确的世界观、人生观、价值观和生态伦理观。

本书密切结合中职学生心理特点，贴近学生生活，提升课堂吸引力和代入感。每一节辅导课的活动过程包括团体热身、主题活动、总结提升和课后拓展等环节，突出活动体验和感悟分享，注重内容的科学性和实用性，凸显主观体验和阳光的心理品质，是教师开展心理健康教育的参考教案和学生提高自身心理健康水平的辅助学案。

本书由苗红玉担任主编；刘明丽、杨丽芳担任副主编并负责全书的统稿和审定工作。参编人员还有吴改娟、冯娟、马立坤、张晓利、杨平、王爱英、周婉婷、王玉民、李灿和吴会利。感谢张敬、武丽燕、孙伟欣、董侠、杨灵慧、王少丽、李艳芝、赵晓彦、韩笑冬、常淑芳、边逶、王婷婷、李默、侯月红、王旻、张娟颖、张雪梅、梁雪丽、贾立红、李晓艳、曲文扬、王艳、杨博凯为本书编写了案例。苏毅绘制了本书中所有的插画。

在编写过程中，我们广泛征求专家、一线教师和学生的意见，吸取有关团体心理辅导活动的经验，并得到石家庄市教育局和石家庄市职业技术教育中心的大力支持。在此我们向有关专家学者及所有关心支持我们的领导、同行、朋友致以诚挚的谢意！

参与本书编写的作者大多是工作在教育教学一线的骨干教师，他们工作不耽误，编写不放松，由于时间紧、任务重，疏漏差错之处在所难免，敬请有关专家及广大读者批评指正。

编　者

目　录

第一单元　认识与悦纳

单元目标

优化生存状态

狄更斯说过："我们得到生命的时候，附带有一个不可缺少的条件：我们应当勇敢地捍卫生命，直到最后一分钟。"人的一生一般只有几十年，在历史长河中只不过是短暂的一瞬间，就是这短短的几十年，还可能会遇到天灾、人祸等不可预测的事件。每一个个体是如此短暂而脆弱，如何让个体认识自我、悦纳自我、珍爱自我、规避伤害，是我们首先要研究的课题。

本单元是活动教程的开篇单元，围绕"认识自我、悦纳自我"这一主题，以"认识生命独特性—— 认识自我、接纳自我—— 善待生命、珍爱生命—— 自助与救护"为主线展开，旨在帮助中职学生了解人类生命的独特性、唯一性，学会探索自我、认识自我和接纳自我；了解生命的价值和意义，学会敬畏生命、善待生命、珍爱生命；在日常学习生活中，掌握自护与救助、规避伤害的基本技能。

第1课 认识生命

活动背景

中职学生正处在一个由稚嫩向成熟变化的青春期阶段，其独立意识与逆反意识同步增强，往往强调“自我”，对生命的认识却不够，不懂得尊重、敬畏、珍爱生命。对于青少年来说，认识生命、探索生命的价值具有很强的现实意义。对于学校来说，帮助学生认识生命，形成正确的生命观，也是心理健康教育的一项重要任务。本课旨在通过精心设计的、生动形象的活动让同学们了解地球生命的起源，了解人类生命的奇妙与形成的艰难以及生命的短暂与脆弱，从而引导大家尊重、敬畏、珍爱生命。

活动目标

1. 了解人类生命只是地球生命的一小部分，了解人类生命的脆弱性。
2. 体会生命出现、诞生的艰难与痛苦，体会生命的短暂与脆弱。
3. 学会尊重、敬畏、珍爱生命。

活动准备

1. 学生分为若干小组，每组5～6人。
2. 学生准备：A4纸，蜡笔，圆规（每个小组一份）。
3. 教师准备：幻灯片，视频，图片，音乐。

活动过程

一、团体热身

（一）热身游戏

绘制地球生命大时钟

1. 通过观看视频资料，了解地球生命产生及其演化的过程。
2. 绘制地球生命大时钟：将刚刚穿越的轨迹用12点钟的时刻画出来。

（二）讨论分享

1. 大家都知道，数亿种生命组成了我们赖以生存的、丰富多彩的地球生物圈。地球生命是如何形成及演化的？你对“最后8秒钟才产生了人类”的感受是什么？

____

2. 在地球生命大时钟的绘制过程中，你的感受是什么？

____

二、主题活动

（一）情景呈现

尽管人类生命在整个地球生命的历史长河中只占据了很短暂的一部分，但它却起着至关重要的作用，它在改变着整个世界。那么人类的生命是怎样形成的？认识人类生命的形成过程有助于我们了解生命，感受生命的奇妙与珍贵。现在让我们一同感受生命产生的艰辛过程。

第 1 则：惊心动魄大冲关

我们一出生就被赋予了一份神圣的任务，为了保证任务的完成，有成千上万的伙伴一同前行，只有 6 个小时的时间，如果不能在规定时间内完成任务，我们就会全军覆没。

冲锋的号角一吹响，我就和同伴们一起发起进攻，可惜仅仅 10 分钟我们就伤亡过半；当冲过第一关时，我们就只剩三分之一的战斗力了；来不及休息，奋勇冲向第二关，此时我们只剩三四千个同伴；通过第二关的我们进入了八卦阵，好多同伴走进了死胡同，又遭遇了不幸，最后幸存下来的只有十几个同伴。此时的我们已经筋疲力尽，可是我们要找的“人”还没来，任务还没有完成……

极度疲惫的我感觉已走到了尽头，忽然觉察到了一个温暖的力量源泉，我又恢复了斗志，拼命地游向它，我知道我终于找到了要找的“人”，从此我俩结为一体，有了一个共同的名字—— 受精卵。一个新的生命出现了，我成了上千万同伴中最幸运的一个，也出色地完成了这个神圣的任务。

第 2 则：生命诞生之痛

每个人对疼痛的感受都不同，疼痛大体可以分为 12 个等级：

第 1 级：夏天户外被蚊子叮的痛；

第 2 级：不小心被刺扎一下时的痛；

第 3 级：感冒发烧肌肉注射时的痛；

第 4 级：留下红色掌印时的抽打的痛；

第 5 级：切菜时不小心切到手的痛；

第 6 级：肠胃炎引起的腹痛；

第 7 级：外力引起的软组织损伤的疼痛；

第 8 级：外力引起的流血性外伤的疼痛；

第 9 级：神经性头疼；

第 10 级：造成肢体残疾的外伤的疼痛；

第 11 级：大面积烧烫伤时的疼痛；

第 12 级：母亲分娩时的疼痛。

（二）讨论分享

1. 读了第 1 则材料，你的感受：________________

2. 读了第 2 则材料，你会想到：________________

（三）感受生命

人生在世只有那么几十年，如果天灾人祸不期而至，生命便会戛然而止。因为生命的短暂，也因为生命的脆弱，我们要珍爱生命。

1. 播放课件：观看动画视频《人的一生》。欣赏了动画视频《人的一生》，你有什么感想？

____

2. 小活动：请同学们坐端正，保持内心的平静，感受一下生命的存在。

A. 请同学们将手放在自己的额头上，感受一下自己的体温。

B. 请同学们用手摸一摸自己的腕部动脉，感受一下生命的律动，数一数心跳次数。

C. 请同学们闭上眼睛，将手放在鼻子前，感受一下自己的呼吸。把所有的心念保持在一呼一吸上，感知生命的内在流动。用心连续数五组十次呼吸。

讨论分享：

请同学们展开讨论，看看大家脑海中都出现过哪些事物，是否能彻底清除那些念头。

通过活动，你的感想和收获：________________

三、总结提升

（一）绘制生命线

分发 A4 纸和蜡笔给每位同学，画出自己的生命曲线，并根据曲线讲述自己从出生到现在生命中的重要转折点，可以以年龄、重要事件和上学的时间为节点绘制自己过去的生命曲线，继而根据自己对工作、婚姻、家庭等方面的愿景，描绘未来的生命曲线，开启生命的梦想。

（二）讨论分享

各小组成员在小组内分享自己的生命曲线，要求其他成员用心聆听，用心感悟生命旅程所发生的故事和未来的梦想。

（三）总结激励

岁月匆匆，人生短暂。人生究竟有多长，人生只在呼吸间。每个人在自己的哭声中来到这个世界，在别人的哭声中离开这个世界，这一来一去之间，便走完了生命的历程。所以在我们生命存在期间，请善待自己的家人、亲朋及身边所有的人，因为我们不知道明天会发生什么。

我们的生命来之不易，请珍惜爱护自己的生命。一首《怒放的生命》送给大家，希望大家在自己的人生道路上，无论跌倒多少次都能勇敢地爬起来，无论翅膀折断过多少次都要坚守翱翔天空的梦想。

四、课后拓展

推荐阅读：《漫画进化论：地球生命的神奇旅程》

地球上为什么会有生命？生命是从哪里来的？我们人类又是怎么出现的？来自外星球的科学家布鲁尔带着首领弗洛斯大王和小王子来到地球，探索地球生命进化的奥秘。

该书用漫画形式，将生物进化论的相关知识系统地串联起来，讲述了地球上不同时期的各种生命的进化故事，浅显易懂，生动有趣。翻阅之后，你可以轻松了解地球的进化史以及地球生命的起源和演化历程。

活动案例

感知生命的意义

每个新生命的孕育、诞生及成长都承载着一个母亲无私的奉献与期待，母亲直接经历了孕育新生命的艰辛，感受到新生命诞生的痛楚以及孩子成长时的快乐与烦恼。从这个意义上说，任何新生命都不完全属于自己，最起码他（她）是母亲生命中不可或缺的一部分。处于青春期的我们，却容易以自我为中心，忽视生命的来之不易及存在的意义。

小刘同学是中职一年级学生，幼年时父亲去世，跟随没有固定收入的母亲生活。她喜欢穿奇装异服、招摇过市，一不如意就怨天尤人、悲观厌世。小刘和母亲最常见的相处方式就是争吵。小刘常说："就因为你生了我，就要让我听你的，那是不可能的……"

这次，因为母亲想再婚，而小刘不同意，母女俩已经吵了一个多月。小刘扬言只要母亲再婚，自己就跳楼。无奈的母亲只好向班主任求助，请班主任帮忙做做小刘的思想工作。那我们应该怎样帮助小刘呢？

首先，学会换个角度看问题。不同的人站在不同的角度看待同一件事会有不同的观点，可以静下心来好好沟通交流，求同存异，一味地争吵解决不了实际问题。世界上每个人都是独一无二的，生命只有一次，动辄就拿放弃生命做要挟的偏激行为不可取。

其次，体验生命的来之不易。其实在青春期和父母发生矛盾的同学不少，不理解父母的苦心，认为父母的管教是对他们自由的干涉，幼稚地认为自由最可贵、生命轻可抛。为了让同学们感受生命的来之不易及脆弱，可以组织"孕妇体验包"和"护送蛋宝宝回家"等体验活动。相信参加过体验活动的同学对生命会有更深的感悟。

最后，让自己的生命有意义。新的生命从孕育开始就享受到了母亲无微不至的照顾与关怀；随着新生命的成长，越来越多的人开始为他（她）的成长助力。享受到别人关怀照顾的我们也要在自己力所能及的范围内给予他人帮助，只有这样，自己的生命才有意义；否则，一味索取、轻言放弃必然会让"亲者痛"，让自己的生命变得毫无价值可言。

经过冷静地沟通，小刘终于知道了母亲再婚的原因："孩子住校了，自己比较孤单。

身体越来越不好，要为自己的后半生找个依靠。”母亲也知道了小刘是因为自己的再婚对象年龄太大才反对的。通过参加“孕妇体验包”和“护送蛋宝宝回家”的体验活动，并回顾自己的成长历程，小刘真心感受到了母亲的辛劳不易以及亲属们对自己的不离不弃。她决定从现在开始经常反省自己，抱着一颗感恩之心不断努力，慢慢地让自己的生命变得有意义！

思考题

1. 你如何看待“生命来之不易”？

____

2. 你参加“孕妇体验包”和“护送蛋宝宝回家”的体验活动后，有什么样的感悟？

____

第2课　我的个性名片

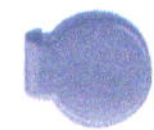

活动背景

在日常生活中，我们经常发现有些人的行为举止令人难以忘怀，而有些人则很难给别人留下什么印象。有的人虽只见过一面，却印象深刻；而有的人尽管长期与别人相处，却不被注意和重视。出现这种现象的原因就是个性在起作用。个性，在心理学中的解释：一个区别于他人的、在不同环境中显现出来的、相对稳定的、影响人的外显和内隐性行为模式的心理特征的总和。每个人都是独立的自我，如何正确认识自己、面对自己，如何亮出自我的个性名片，让生活因我而精彩，让他人因我而快乐，这是我们必须要思考的问题。

活动目标

1. 理解每个人都是独特的自己，进一步认识生命的独特性。
2. 正确地认识自我。
3. 明白适合自己的才是最好的，增强生活自信心。

活动准备

1. 学生分为若干小组，每组 6 ～ 8 人。
2. 学生准备：白纸数张，笔，双面胶，胸卡（每人一个），彩色笔若干。
3. 教师准备：幻灯片，音乐。

活动过程

一、团体热身

（一）热身游戏

比　一　比

1. 报数分组：从心理课代表开始，1 ～ 5 从左至右依次报数，请每个同学记住自己报的数，报相同数的同学组成一个小组。每组同学围坐在一起，准备活动。

2. 说明游戏规则：说出比一比的项目，各组派组员出来参与游戏。可以比长、比短、比大、比小、比多或比少等。例如：

比大：比一比谁的年龄大？

比小：比一比谁的个头小？

比多：比一比谁的衣服上的颜色多？

（二）讨论分享

1. 你认为刚才游戏的获胜者是谁？

2. 比什么你有可能会赢？比什么你可能会输？

____

3. 这个游戏让你想到了：______________________________

____

二、主题活动

（一）情景呈现

小制作：设计个性名片

拿出一张白纸和一支彩色笔，在5分钟时间内，每位学生为自己设计一张“个性名片”。

设计要求：（1）不少于5条个人信息，此信息可以是具体的，也可以是抽象的、含蓄的，但要求是个性化的。（2）除文字外还可用图形等方式表示，可以使用彩色笔。

设计说明：“个性名片”上写些什么信息呢？不妨从以下几方面考虑：姓名－昵称－网名－外号，特长－爱好－兴趣－嗜好，崇拜的人－欣赏的人－敬重的人－厌恶的人－痛恨的人，理想－目标－经历－志向，对自己的比喻－体型－外貌－身高－体重－肤色，家庭电话号－手机号－QQ号－班级－学号。把自己最想让别人知道并想与别人交流的信息简洁明了地公布在小小卡片上，可以用直白的言语，也可以用诗句来表达，可以用单色的线条，也可以用彩色画面来展现。

（二）讨论分享

一张小小的“个性名片”，就是你参与人际交往的“通行证”，是让别人认识你的开始。生命是独特的，张扬你的个性，把你的信息传递给别人，也请你记住同学的特点。

下面的问题先在小组内交流，然后再共同分享。

1. 你是否能通过名片充分地展现出自己的个性？

____

2. 你是否欣赏名片中的自己？在制作过程中你又体会到了什么？

____

3. 通过自我介绍，哪几位同学的个性名片更吸引你？

____

三、总结提升

（一）认识“自己”

每个人对自己的了解更为深刻，经过交流，也让别人更好地认识了自己。现在，请同学们根据自己的实际情况，完成10个句子。这些句子以“我是一个……的人”为结构，进行自我的深入探索。

1. 我是一个______________________________的人。
2. 我是一个______________________________的人。
3. 我是一个______________________________的人。

4. 我是一个________________________________的人。
5. 我是一个________________________________的人。
6. 我是一个________________________________的人。
7. 我是一个________________________________的人。
8. 我是一个________________________________的人。
9. 我是一个________________________________的人。
10. 我是一个________________________________的人。

（二）总结激励

每个人都是一个独特的自我，就像世界上没有两片完全相同的树叶。你就是你，每个人都要学会认识自己、接纳自己。介绍自己“个性名片”的过程，就是接纳自己、推荐自己的过程；聆听他人设计的名片，并积极响应，就是认识他人、接纳他人的过程。接纳自己也接纳他人就是对不同生命状态的热爱和尊重。

活动在《天高地厚》的歌声中结束。

四、课后拓展

推荐阅读：《人性的弱点》与《人性的优点》

这两本书是戴尔·卡耐基（Dale Carnegie，1888—1955）所著的经典励志图书，汇集了卡耐基的思想精华，是作者最成功的励志经典。通过阅读和实践书中介绍的各种方法，可以走出困境，发掘自己的无穷潜力，创造辉煌的人生；可以帮助我们更好地了解自己与他人身上的优点与弱点，使自己扬长避短，凸显优势，培养勇敢、自信、豁达、坚毅等个性特点，创造美好的人生。

活动案例

自我接纳

“自我接纳”是指个体对自我及其一切特征采取积极的态度，能确认和悦纳自己身体、能力和性格等方面的正面价值的行为。一个人如果不接纳自己，连自己的问题都不敢正视，那他怎么可能引导自己积极向上？又怎么可能健康成长？作为独特的个体，不因自身优点而骄傲，也不因自身缺点而自卑，从自我接纳出发，可以逐步走向自信。

李霞是中职学前教育系一年级学生。面对初中同班同学考进重点高中的对比压力，李霞无法接受现状，她认为自己处处不如别人，因此无论是学习还是参加班级活动都抱有一种自卑的心理。对于李霞的这种不良状态，父母恨铁不成钢，批评指责说：“你看 ××× 家的孩子学习那么好，你为什么就这么不争气呢？”久而久之，李霞内心从最初的自责自卑变成了对一切都无所谓，带着“破罐子破摔”的心态，开始放弃自己了——上课不学习趴着睡觉，下课玩手机不完成作业，还多次顶风违纪，期末考试多门成绩不及格而被宣布“留校察看”。像李霞这样的同学，在中职学校并非个例。如何帮助“李霞”们正确认识自我、接纳自我、找回自信呢？

首先，要停止与自己对立。“停止与自己对立”是指停止对自己的不满和批判。无论学习多差，有多少不足，从此刻起，站在自己这一边，告诉自己：我有生命的尊严和价值。

不拿自己的短与别人的长对比，不自卑、不自责，告诉自己我就是独立存在的我，来到职校我一样能学会一技之长，将来一样可以有所作为。

其次，要停止苛求自己。每个人在生命成长的过程中都会犯错误，要允许自己犯错误。只要从中吸取了教训也是一种成长，不要一直沉溺于对自己过去错误的苛责中。对李霞来说，对以前再多的苛责都是无用的，过去的就过去了，只要不放弃，只要肯努力，什么时候都不算晚。

再次，停止否定或逃避的负面情绪。对李霞来说，如果在学习生活过程中产生了负面情绪，不要去抑制它，更不要责备自己，要坦然地承认并且接纳，不论它是沮丧、愤怒、焦虑还是敌意。对李霞父母来说，如果他们能正确面对孩子的负面情绪，积极地正视、关注、体验它，主动引导孩子找到一些恰当的处理情绪的方式，孩子也可能不会有后面糟糕的变化。

最后，我们要做到无条件地接纳自己。我们要学会站在自己这一边，接受并关心自己的状况，不仅接纳自己的优点，也接纳自己所有的不足，做到真正无条件地接纳自己的一切。如果李霞和她的父母都能无条件地接纳她，承认现在的不足，用积极的心态去看待未来，用实际行动来证明自己，相信她的人生将会收获意想不到的精彩。

思考题

1. 写出自我感觉良好的10个优势，并举例说明你是怎样保持这些优势的。

____

2. “不论我的现状如何，我选择尊重自己生命的独特性。”你是如何理解这句话的?

____

第 3 课　做最好的自己

活动背景

处于青春期的同学们自我意识开始加强，诸如“我是谁”“我想成为什么样的人”等问题会引起每个青少年的思索。这说明我们渴望探索自我、认识自我并了解自我，接纳自我的身份和社会角色。但受年龄小和阅历浅的影响，我们对自己的认知评价往往有着较大的偏差，要么让别人去替自己做决定，听从别人的意见，不知道自己究竟是什么样的人和想要成为什么样的人；要么个体定位与社会要求相背离，形成了社会不予承认和接纳的角色。

这节活动课就是要帮助大家认识自己的优点和长处，接纳自我，扬长避短，用心做最好的自己。

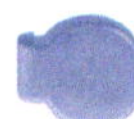

活动目标

1. 引导学生认清自我存在的价值。
2. 通过系列活动，从更多方面了解自己的优缺点，明确自己的努力方向。
3. 树立积极良好的人生目标，扬长避短，用心做好自己。

活动准备

1. 学生分为若干小组，每组 5 ～ 6 人。
2. 学生准备：A4 纸（每人至少两张），笔，纸板。
3. 教师准备：舒缓的音乐，图片（动物图片和与之相关的动物技能图片），室内活动场地。

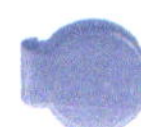

活动过程

一、团体热身

（一）热身游戏

动物情境对对碰

游戏规则：全班分为 6 个小组。把小鸡、小鸭、小鸟、小兔、小山羊、小松鼠等动物图片装入信封，各小组派一位同学抽取；再拿出标有“游泳”“飞翔”“爬树”“吃米”“跑步”“爬山”等动作字样的字签（课前装入信封），各小组派一位同学抽取。

统一打开信封后，拿着动作字样的同学表演出所抽取的规定行为。然后，拿着动物图片的同学出示对应的图片。

（二）讨论分享

1. 小鸡、小鸭、小鸟、小兔、小山羊、小松鼠最擅长什么？

2. 请同学们谈谈自己最擅长什么。

3. 从这个游戏中你得到了什么感悟?

二、主题活动

(一)情景呈现

小故事:败在专长

某外语学院有两位教师，一位精通韩语，一位精通英语。在大家看来，两人都是未来系主任的适合人选。他俩也心照不宣，在工作上暗暗较劲。

有一段时间学校经常和韩国人联合举办某项目培训，那位韩语教师理所当然经常在单位公务活动中抛头露面。一时间，单位里的同事都认为他要高升了。

英语教师有些着急，十分担心自己会失去这次晋升机会。大学时他也选修过韩语，为了超越对手，他花了几年时间考取了一张韩语等级证书。同事们对他掌握两门外语十分佩服。

不幸的是，他在接待澳大利亚访问团用英语翻译时，多次出现了关键词和语法上的翻译错误，使双方产生误会，校长对此表示十分不满。

此刻他才醒悟过来，捡了芝麻丢了西瓜，这些年忙于学习韩语，早已疏于本职工作中对英语的精益求精，才造成了今天的失误。他在自己的专长上败下阵来，悔之不及。

(二)讨论分享

1. 为什么精通英语的那位教师拥有了两种证书，却在工作中出现了巨大失误?

2. 你如何理解故事中两个主人公的能力?

天生我材必有用。即使是再普通的人，也一定有自己的长处。我们往往羡慕别人所拥有的优点，而忽略了自身具有的优点和长处。善于发挥自己的特长，是现代人应具有的本领之一。有一句名言是这样说的:“生活如一个剧本，重要的不是长度而是精彩程度。”

进一步探讨:

3. 这个小故事给你的启示是什么?

4. 你的优点是什么?哪些事情使你受益于这些优点?你的缺点是什么?哪些缺点影响了你的生活与学习?

小结: 人的一生其实并不需要什么都拥有，你只需要拥有其中的一项，比如一种拿手的技能，然后深入地挖掘它，精益求精，在这个领域内突破创新，就会让你受用一生。

三、总结提升

(一)短片欣赏

卜桦的动画作品《生之爱》讲述了这样一个故事:在万物凋零、百花绝迹的苍茫大地上，一株刚刚发芽的新苗破土而出。她长出头，生出眼，有了胳膊又形成双腿，终于可以离开这片土壤，去探索神奇的世界了。对一切充满好奇的小人儿，看见眼前一摇一摆走过的鸭妈妈和鸭宝宝，就用桔梗编出个小鸭帽，蹑手蹑脚地跟着他们游进水塘。可惜小人儿不习水性，因此险些丧命。她希望能跟猴子成为朋友，可是所有的动物群落都容纳不下她。在经历了无数次失败的模仿、为自己的失落而难过的时候，种子小人儿却意外地发现自己其实是美丽的花朵。

看完这个动画片，结合本节课的内容，你的感悟是什么？

____

（二）总结激励

我们每个人都是世界上独一无二的，你就是你，你无须按照他人的眼光来评判甚至约束自己，你也无须仿效他人。成为最好的自己最重要的一点就是保持自我本色。

每个人都有自己的长处，每个人都有巨大的潜能，每个人都可以选择自己的目标，并通过不懈努力去争取属于自己的成功。要善于利用自己的优点和长处，最大限度地表现自己的才华和优点，使自己具有永恒的魅力。相信自己能够成为那个“最好”的你，扬长避短，超越自我。

四、课后拓展

推荐阅读：《做最好的自己》

书中用近百个真实案例来阐述如何运用“成功同心圆”法则选择自己的价值观，阐述如何运用自己的智慧，“选择做一个融汇中西文化的国际化人才”，最终说明“成功就是做最好的自己”。书中讲到：“每一个人都有自己的特长和潜质，在多元化成功的模型中，只要主动选择，每一个人都有成功的机会。”我们只有做最好的自己才能不断地超越自我，才会不断地取得成功。

活动案例

扬长避短　成就人生

聪明的人往往能够最大限度地发挥自己的才华和优点，使自己具有永恒的魅力。因为唯有利用自己的长处，才能给自己的人生增值。

扬长避短是取得成功的一个重要因素。我们都知道田忌赛马的故事：即使对手的每一匹马都有相对应的绝对优势，但没有关系，只要注重自己能够形成优势的策略，简单地进行以长击短的顺序调整（上等马对中等马，中等马对下等马，下等马对上等马），就能获得完全不同的结局。

小蕊是中职二年级平面制作班的学生，因文化课基础较差，课堂纪律性也不好，平时经常受到其他同学的嫌弃和排挤。然而，这学期开设了一门新的专业课——Flash 动画制作。任课老师通过观察，发现她对 Flash 很感兴趣，动手能力特别强，而且作品设计也很有创意，就鼓励她参加全省的 Flash 动画技能大赛，希望她能发挥自己的专业特长，在大赛中取得好成绩。自从加入了学校参赛队，小蕊就像变了一个人，在学习上变得积极主动，平时吵闹声最大的她，也因为忙于备赛而变得安静了许多。最后她荣获省级二等奖，在班里自信地抬起了头，变得爱笑、爱学习、更懂事了，同学们也越来越喜欢她。小蕊的蜕变，源于老师发现并放大了她善操作、有创意的长处，没有只盯着她文化课基础差、纪律散漫的短处不放；源于老师抓住契机，鼓励她重新燃起实现自我的希望，内心逐渐形成了一种信念——“我是好样的，我是最棒的”，从而摒弃了内心的自卑和失落，“扬长避短”让她找回了自信。

对于中职学生来说，懂得扬长避短更为重要。或许他们学习一般、纪律性不强，但是并不代表他们没有上进心、今后会无所作为；或许他们自制力不强、文化课基础差，但是他们能歌善舞、动手能力强，也有自己的一技之长；曾经失败过，他们经常被漠视、被否定、被打击，所以他们更希望得到关注和赏识。因此，学校和老师要创造各种机会让学生表现自我，善于发现他们的闪光点，引导他们正确地看待自身的不足之处，学会扬长避短，让他们有机会在人生的舞台上演绎更精彩的人生。

有一句话说得好：“人人有才，人无全才，扬长避短，个个成才。”愿每个人都能扬长避短，做最优秀的自己，成就无悔的人生。

思考题

1. 结合上文中阐述的观点，请写出5句关于“我拥有优势”的句子。例如：

我拥有优势，成功地做好了____________________

我拥有优势，成功地做好了____________________

我拥有优势，成功地做好了____________________

我拥有优势，成功地做好了____________________

我拥有优势，成功地做好了____________________

2. 制订一份“如何用心做好自己”的计划书，由此开展你的奋斗征程。

____

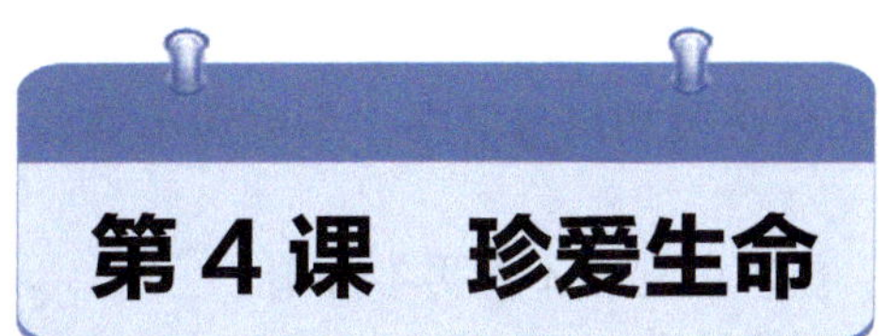

第4课　珍爱生命

活动背景

世界创造了生命，生命就应该给世界留下光芒；自然孕育了人类，人类就该活出尊严和价值。处于青春期的中职学生，由于个性发展尚不稳定，受认识、情感、意志品质发展等方面的制约，在面对学业、交友等方面的压力和困惑时，很容易产生消极颓废的情绪，个别心理素质较差的学生甚至会厌世轻生。本节活动课，以“珍爱生命”为主题，在游戏中让大家体验生命的来之不易，感受生命的珍贵；在案例分享中引导学生提升对生命价值的认识，领略生命的美好，感悟人生的幸福，提升生命的品质。

活动目标

1. 体验生命的来之不易，感受生命的珍贵。
2. 提升对生命价值的认识，初步树立正确的生命观。
3. 增强珍爱生命、活出精彩的意识。

活动准备

1. 学生分为四个小组。
2. 学生准备：无。
3. 教师准备：幻灯片，案例材料，《感动中国》无臂钢琴师刘伟的视频。

活动过程

一、团体热身

（一）热身游戏

进　化　论

活动引入：人类是数千万年生物进化的产物，进化的过程就是一个选择的过程。现在我们大家一起来重温这个过程。假设，最开始的时候我们都是一个鸡蛋，会从鸡蛋进化到小鸡，然后再进化成猩猩，最后就会进化成人类。进化的方法就是跟别人“猜拳”。

模仿动作：鸡蛋的状态是大家抱着头蹲下，像一个鸡蛋的形状；小鸡状态是微蹲，双手微张在身体两侧像翅膀扇动的样子；猩猩状态是站立作捶胸状；人类状态是抱着双手站着旁观。

1. 游戏规则：

（1）通过猜拳（石头、剪刀、布），实现从“鸡蛋——小鸡——猩猩——人类”的进化过程。

（2）就近两人猜拳，鸡蛋必须和鸡蛋猜拳，小鸡和小鸡猜拳，猩猩和猩猩猜拳，赢者进化一级，输者退化一级。

（3）一旦进化成人类，就算胜出，不能再参加猜拳，只可以在一旁看其他人继续活动。

（4）每轮猜拳过后，每个人必须通过你的姿势来表示你所进化的程度。猜拳时必须保持自己当前所属的姿势。

2. 学生分组：游戏结束后根据每个同学当前进化的状态分成鸡蛋、小鸡、猩猩、人类四个组。

（二）讨论分享

1. 对于进化为人类的同学来说，进化的过程顺利吗？

____

2. 当你还是一个鸡蛋，却有人已经进化成人类的时候，你的感受是什么？

____

在游戏中，有些同学很轻松就进化成了人类，而有的最终还只是一颗鸡蛋。然而，人类真正的进化过程并不像游戏中那么简单，众所周知，这是一个非常艰辛而漫长的过程，它花费了数千万年的时间。可以说生命来之不易，那我们应该怎么对待我们的生命呢？

二、主题活动

（一）情景呈现

第1则：身体健全　漠视生命

1. 湖北某地的一位中学生，因为父母要求严格，常与父母闹矛盾。终于有一天，这个学生在“无奈”的情况下，选择了卧轨自杀寻求解脱。

2. 成都市一个13岁的少年因学习问题和父母发生争执，从七楼跳下，结束了自己的生命。

3. 河南一位高考生，高考成绩估分不理想，在家自杀，而高考成绩揭榜时，她的高考总分超过本科分数线33分。

4. 因为没能在演唱会现场和喜爱的歌手面对面说上一句话，一名19岁女孩吃下80片安眠药自杀。

5. 由于相貌不够帅气，一个大个子男生留下一封遗书后，跳楼身亡。

……

据统计，全球每年约有100万人死于自杀。在这些自杀的人中，青少年占很大比例。据专家分析，这些人自杀的主要原因在于心理素质差，承受困难的能力差。

第2则：无臂钢琴师　活出精彩

观看视频：《感动中国》无臂钢琴师刘伟

材料介绍：刘伟10岁时因一场事故而被截去双臂；12岁时，他在康复医院的水疗池学会了游泳，两年后在全国残疾人游泳锦标赛上夺得两枚金牌；16岁学习打字；19岁学习钢琴，一年后就达到相当于用手弹钢琴的专业 7 级水平；22 岁挑战吉尼斯世界纪录，一分钟打出了 233 个字母，成为世界上用脚打字最快的人；23 岁登上了维也纳金色大厅舞台，让世界见证了中国男孩的奇迹。他说：“我的人生中只有两条路，要么赶紧死，要么精彩地活着。”

（二）讨论分享

1. 两则材料对比，你对生命有什么样的认识或感悟？

____

2. 你怎样看待那些漠视生命的人或事？

____

3. 你还知道哪些感人的生命故事？

____

三、总结提升

（一）少年我心

导语：下面有三个情景，请大家针对不同的情景分组讨论并进行角色扮演，尽情发挥自己的想象力和才能，然后各组选派代表来陈述做法和感悟。

情景一：

假如班里有一位男同学因为感情问题而非常痛苦，不但无心学习，到后来干脆不想上学了。作为心理课代表的你，该如何对他进行心理疏导？

情景二：

假如班里有一位同学考试成绩下降，过去名列前茅的他，一直不能接受这个现实，自卑、焦虑，有强烈的失落感。作为学习委员的你，该怎样安慰他？

情景三：

假如班里有一名同学身体残疾，总是受到个别同学的嘲笑和戏弄。现在该同学感到非常难过，觉得自己没有勇气继续读书，想要退学。作为班长，你想对该同学和其他同学说些什么呢？

讨论分享：

1. 在这三个情景中，你扮演的是故事中的哪个角色？你是如何去做工作的？

____

2. 你有没有遇到过成长的烦恼？你是如何超越自我的？

____

生命来之不易，然而当我们遇到困难时，有的人困惑迷茫，不知所措，甚至轻易放弃了自己的生命；而有的人却勇于面对现实，对自己不抛弃、不放弃，坚强地与困难做斗争，让自己重生，也活出了生命的精彩。

（二）总结激励

人生就像一段有去无回的单程旅行，没有彩排，每一场都是现场直播，把握好每次演出便是对人生最好的珍惜。而且不管旅途中遇到怎样的困难，我们都要满怀信心，上演最精彩的人生节目。

最后，请同学们全体起立，举起右手，一起进行生命宣誓：

> 我郑重地宣誓：在生命的每一天，珍爱自己的生命。无论发生何种困难，永不放弃生的希望，永远对自己负责。在短暂的人生路上，保持乐观的态度，享受人生的幸福，活出生命的精彩！

四、课后拓展

推荐影片：《127小时》

本片根据真人真事改编，讲述了美国登山青年阿伦·罗斯顿（Aron Ralston）断臂自救的故事。当人类面对生死问题的挑战时，能迸发出多大的勇气和毅力？这部电影给出了最真实的答案，让我们更好地理解了生命的珍贵和意义。该故事震撼心灵，荣获第83届奥斯卡最佳影片、最佳男主角、最佳改编剧本、最佳剪辑、最佳原创歌曲、最佳原创配乐六项提名，非常值得一看。

活动案例

让生命变得坚韧

生命是美好的，因为有了生命，大千世界才变得多姿多彩；生命是宝贵的，因为它对于每个人来说都只有一次；生命不只属于我们自己，精彩的人生也会给周围的人带来幸福。然而，生命的历程不会总是一帆风顺，成长的路上布满了荆棘，充满了烦恼和挫折，为了让独特的生命之花绽放，为了家庭和社会的和谐，我们有理由让生命变得越来越坚韧，经得起风吹雨打。

小雅是中职学校电子商务专业的二年级学生，她喜欢唱歌，是班里的文艺委员。在一次学校组织的歌唱比赛中，她获得了第一名的好成绩。这次偶然的成功燃起了她当歌手的梦想，她觉得自己选错了专业，打算转学去学音乐，每天变得心事重重，学习也不像从前那么努力了。她回家和父母谈转专业的事，却遭到了父母的强烈反对，并表示家里没有能力支持她上声乐课，父母觉得她还是应该首先学好自己的专业课。在和父母发生激烈的争吵以后，小雅伤心地回到学校，回想起父母说的话，她特别崩溃，感觉没人理解她，前途渺茫，独自一个人爬上了教学楼的最高层，有了轻生的念头。幸亏同学和老师发现并及时赶到，才没有酿成悲剧。

现实生活中，像小雅这样的同学还有很多，学业上的迷茫、情感上的困惑、人际关系的不融洽等，让他们在成长过程中充满了烦恼。再加上缺乏独立解决困难的能力，心理承受能力较差，一旦自尊、交往和自我实现等多种需要得不到满足，就很容易产生心理失衡，把小的挫折误认为是大的失败，产生消极颓废的情绪，甚至产生厌世轻生的念头。那么该如何引导像小雅这样的同学正确认识生命、改变思维模式、调整情绪、增强耐受挫折的能力呢？

首先，要认识到生命不只属于你一人。父母带我们来到世上，因后天的成长又与亲人、朋友、老师、同学等相关的人产生了诸多联系，失去生命会给所有关心你的人带来伤害，珍爱生命是一种责任和担当。

其次，生命很脆弱，具有不可逆性。一时冲动而选择轻生，能及时抢救回来固然好，假如造成了不可挽救的后果，那就不是后悔能解决的问题了。

再次，学会倾诉和求助。人生不可能一帆风顺，遇到不顺心的事，多向老师、父母和同学倾诉，寻求别人的理解和帮助，坦然地面对现实，积极寻求解决的办法。

最后，遇到困难不能退缩，要正视挫折。逆境和困难在某种意义上有着积极的作用，可以促使人成长。学会换一个角度看问题，说不定就会峰回路转、柳暗花明。所以，我们要习惯让生命经受风雨洗礼，只有这样，生命才会变得更加坚韧。

1. 在成长中，你是否也有过像小雅一样的经历？说说当时的情况。

____

2. 搜寻一些珍爱生命、挑战人生困境的故事，同学间相互分享，并谈谈你的感受。

____

第5课　自护与救助

活动背景

中职阶段是人的一生中身心发展最快的时期，随着身体的发育和智力的发展，我们的个性逐步形成，常常表现为朝气蓬勃、天真活泼、热情奔放、奋发向上、渴望独立、勇于冒险，但因为社会阅历和生活经验有限，又常常会在应对突发事件时束手无策，极易受到伤害。本课旨在帮助大家提高自我保护意识，学会自我保护的方法和技巧，增强同学们关爱自己、救助他人、珍惜生命、尊重生命的意识。

活动目标

1. 了解包括求救、溺水、火灾、地震、网络及电信安全、骨折、出血、人工呼吸、胸外心脏按压术在内的自护与救助的方法和技巧。
2. 提高自护与救助能力，提高团队合作能力。
3. 树立自护与救助的意识、勇气和信心。

活动准备

1. 学生分为四个小组。
2. 学生准备：无。
3. 教师准备：四幅图片（印有飞机、轮船、火车、徒步），急救操作视频。

活动过程

一、团体热身

（一）热身游戏

险 情 猜 想

点名方式：由教师点出第一个同学的名字，被点名的同学不用做任何回应，而由其左右两旁的同学代为应答，左边的同学回答“有”，右边的同学举手回应。然后被点名的同学可任意点下一个同学的名字，仍由被点名同学的左边同学代答“有”，右边同学代其举手。以此类推，选出回应不及时的四名同学，协助教师分组。

分组方式：拼图分组

将准备的四幅交通工具图片按每组人数撕成对应碎片，同学随机拿一块图画碎片和其他同学手中碎片进行拼接，拼接完整的同学为一组，该组以图片中的交通方式（飞机、轮船、火车、徒步）开始人生旅程。

（二）讨论分享

1. 根据所乘载交通工具的不同，各组设想一下：在旅程中有哪些突发事件会影响你的行程、威胁你的安全？

2. 据统计，近几年来全国每年约有 4 万名中小学生因交通事故、溺水、自然灾害等原因死亡。你是否知道危险来临时应如何进行自我保护？

二、主题活动

（一）情景呈现

第 1 则：交通意外伤害事故

1 月 16 日凌晨 1 时许，G80 广昆高速公路上发生一起多车相碰撞的交通事故。肇事车辆驾驶人疲劳驾驶，未能观察前方道路交通通行状况，未与前方车辆保持足够的安全距离，导致追尾；且在发生碰撞后未能采取有效避险措施，导致主车道、超车道上的车辆接连发生碰撞。最终造成 5 车碰撞受损，3 人重伤，7 人轻微伤。

第 2 则：游戏币背后的陷阱

3 月 2 日，学生小刘向警方报案称：他是网络游戏的爱好者，为了能玩得尽兴，需要买一些网络游戏币，为此进入了一个陌生的标有“官方”字样的网页，并按网页要求先注册再进入交易界面。一个号称客服的 QQ 好友给小刘发来信息说他的身份验证没有通过而无法交易，并给了他一个银行卡账号让他交保证金。小刘信以为真，便用妈妈的手机银行向对方转账 1800 元。随后，对方却以网站有故障、交易平台账号被冻结以及需购买退款证书为由数次要求其转账。小刘又分两次用同样的方式向对方转账 6500 元及 3000 元，后来发现被骗，共计损失 11300 元。

（二）讨论分享

1. 针对“第 1 则：交通意外伤害事故”讨论。

（1）在交通意外伤害事故中，面对复杂伤情，我们首先要做到的是什么？你的救护原则是什么？怎样做到迅速、高效的救护？

____

（2）危机来临，我们在逃生时该注意什么？

____

（3）当危机来临时，我们要团结一心，要保持镇静；运用适当的自救方法保护自己；不断向外界发出求救信号。你的策略是：

____

2. 针对“第 2 则：游戏币背后的陷阱”提问。

（1）中职生能否随便在网站充值和网络转账？你的观点是：

____

（2）使用网络应注意哪些安全问题？

参考信息：网络电信自护策略

不要随便把个人信息告诉你在网上结识的人，不与在网上结识的人约见，不打开陌生的邮件，不要把自己在网络上使用的账号、密码告诉网友，不浏览不健康的网站，切不可沉迷上网（或网络游戏）甚至把它当作一种精神寄托。在学校、公共场所上网后要清空个人文件及浏览信息。

防止诈骗。电信、银行、公安系统的电话均有自己的平台，不可能直接转拨；没有任何单位设置安全账号，公检法部门执法调查、向相关人员了解情况的时候，会当面询问当事人，会制作相关的谈话笔录，不会打电话要求你把银行账号、密码告诉他；税务部门、财政部门退税，电信公司催缴电话欠费，不会人工拨打电话。凡是涉及自己账户和密码的事情一定要冷静分析，谨慎对待。

（三）猜猜看

判断下面的救助措施是否正确，分别用“√”或“×”标在括号内。

1. 拨打110报警电话时，向接警员说清时间、地点，大概案情及自己的联系方式，待对方挂断电话后，你再挂机。（ ）
2. 自己在家时，发现持刀窃贼已经钻窗进屋，立即冲上前去大声呵斥，与之搏斗。（ ）
3. 放学结伴骑自行车回家路上，大家互相搭肩并骑。（ ）
4. 乘坐公交车无座时，双脚自然分开，侧向站立，紧握扶手。（ ）
5. 在高速公路上发生交通事故时，迅速翻到公路防撞护栏外，拨打报警电话，等待救援。（ ）
6. 身处15楼时，发现6楼冒烟还未起火苗，迅速沿着步行楼梯向楼下跑。（ ）
7. 在楼房教室遭遇地震时，迅速躲进跨度小的空间并护住头部。（ ）
8. 路遇艺术装扮十足的人，说是导演、星探，邀请你拍电影、广告并许诺重金酬劳的，你果断拒绝。（ ）
9. 足球场发生骚乱，随人流向外撤离时，发现自己的手机掉地上了，弯腰去捡。（ ）
10. 放假了，约上几个游泳水平较高的同学，到护城河去游泳消暑。（ ）

三、总结提升

（一）操作学习

观看紧急救护方法的教学短片，重点掌握急救方法。内容包括：

1. 急救现场操作的原则。
2. 人工呼吸的操作方法。
3. 胸外心脏按压术的操作方法。
4. 压迫止血法的操作。

5. 骨折固定法的操作。
6. 烧烫伤的分级护理。
你观看后的收获和感悟：

参考信息：①现场急救原则：先止（止血）后包（包扎）的原则、先重（危重）后轻（轻伤）的原则、先救后送（医院）的原则、急救与呼救并重的原则。②急救方法：人工呼吸、胸外心脏按压术、压迫止血法、骨折固定法、烧烫伤分级护理。③救护时应注意：镇静、安全、保存实力，最佳急救期为伤后12小时内。

（二）总结激励

在人生的旅途上，我们可能会遇到各种突发事件。虽然我们还不具备像专业医生那样娴熟的救护技能，但只要我们能在最短的时间内给予自己和他人百分之一的有效救护，对生命的影响也许就是百分之一百。

四、课后拓展

观看纪录片：《灾难求生大作战》

《灾难求生大作战》是模拟真实生活环境下的灾难系列教学纪录片，每集模拟一个灾难，假设最坏条件下的状况，主持人教你如何利用求生知识和技巧，让你在灾难面前顺利逃生！

活动案例

智勇救助

人有旦夕祸福，一些意想不到的危机事件常有发生。一则以智，一则以勇，这是面对危机事件不可或缺的两个原则。冷静思考、智勇救助，不仅能最大限度地减少救人者的生命危险，还能最大限度地挽救被救者的生命。而面对未来人生道路上的艰难险阻，也只有用机智与勇敢，才能最大限度地化险为夷，开辟新境，开创新局。

深圳的7岁女孩袁媛用她的机智勇敢挽救了父母的生命，并因此在公安部和中央电视台联手推出的“寻找生活英雄，评选中国骄傲”的活动中当选“小英雄”。这位7岁女孩在看到父母因煤气中毒而双双昏倒在家时，没有慌乱害怕，而是临危不惧，镇定地按照在学校学到的安全知识，迅速关上液化气罐阀门，打开门窗，然后跑到室外用父亲的手机拨打110、120，准确报出位置，使救援人员迅速赶到现场，赢得了宝贵的抢救时间，将父母从死亡线上拉了回来。小姑娘处变不惊、沉着冷静、机智勇敢的行为，受到众人称赞。事后，民警告诉记者：“她的冷静和急救能力，就连不少成年人也望尘莫及！”小袁媛的表现很值得大家学习，学校学到的安全知识是她救助成功的法宝，平时的安全教育和经验积累是处变不惊的保证。

危机突袭，无论是受灾者还是救援人员，无论是成年人还是少年儿童，都面临着生与死、坚持与放弃、救人与自救、危险与安全的考验。只有平时多积累自助自救的技巧和经验，灾难面前才会诠释什么叫智勇双全。以下这些常见的自护与救助策略，你是否知道？

1. 睡梦中被浓烟呛醒，如何逃生

观察逃生口，用湿毛巾掩住口和鼻，压低姿势，沿地面爬行。若在窗边，可将窗帘或床单撕裂成条之后用水浸湿并连接，或沿水管、广告牌、电线杆爬行而下（楼层过高不可用此方法）或至室外安全梯逃生。立即拨打119火警电话。

通过火焰之时，应将所穿衣服用水浸湿或将棉被、毛毯等浸湿后裹住身体迅速冲出。夜间火警应尽力通知楼内熟睡的人员逃生或扑救。

被烟火围困时，应尽量待在阳台、窗口等易被人发现和能避免烟火近身的地方。在白天可向窗外晃动鲜艳的衣物等，在晚上可用手电筒不停地在窗口闪动和敲击东西，及时发出有效求救信号。在被烟气窒息失去自救能力之前，应努力爬到墙边或门边，以便于消防人员寻找、营救，也要防止房屋塌落时砸伤自己。

2. 溺水时的自救与互救

不要私自下河游泳，避免溺水事故发生。若遇溺水情况，不会游泳者不要慌乱，采取仰面位，头、口向上，尽量深吸气、浅呼气，可增加浮力，保持身体上浮；如有漂浮物或攀缘物应及时抓住，等待救援。人被救出水面后，首先采取俯卧头低位，打开口腔，使其呼吸道内积水自然流出，并清除口中异物，保持呼吸畅通，然后尽快送医院救治。

3. 避震自救要点

地震时就近躲避，震后迅速撤离到安全的地方是应急避震较好的办法。避震应选择室内结实、能掩护身体的物体下（旁）、易于形成三角空间的地方，开间小、有支撑的地方或室外开阔、安全的地方。整个人蹲下或坐下，尽量蜷曲身体，降低身体重心；抓住桌腿等牢固的物体；保护头颈、眼睛、掩住口鼻；避开人流，不要乱挤乱拥；空气中有易燃易爆气体时，不要随便点火。

1. 袁媛的机智勇敢行为表现在哪些方面？

____

2. 你学会了哪些救护方法？

____

单元实践活动

活动任务

“一小时文明观察”活动：在有红绿灯的路口，仔细观察过往的行人、自行车和机动车辆，记录在一个小时内闯红灯的行人、自行车和机动车的数量。

活动指导

1. 活动前请精心选择一个既方便观察又安全的位置。
2. 活动时间建议选在早晚高峰时段。
3. 活动时携带纸笔、照相机、摄像机等以协助记录。
4. 活动结束可以撰写相关建议或论文。

活动反思

____

____

____

____

第二单元　调控与自律

单元目标

建立自省系统

良好的调控和自律能力是创新型人才的必备素质。建立自省系统，将有助于我们更好地控制自己的注意力、情绪和行为，获得强大的内在动力，抵制外界诱惑，解决冲突，战胜逆境，树立正确的生命价值观，促进人格健全发展。

本单元的活动主线是：学会控制情绪——树立规则意识，学会承担责任——应对早恋困惑，获得成长体验——学会理性减压，承受挫折考验——培养积极品质，提升生命高度。旨在帮助同学们正视自己的情绪变化，合理调控情绪；认识遵守规则的重要性，建立良好的规则意识；提高应对青春期心理冲突的认识，面对早恋做出正确的行为选择；正确面对人生中的艰难困苦，能够用开朗乐观、坚强积极的心态去面对困难和挫折；领悟压力存在的必然性，学会对压力做出建设性的反应。

第1课　我的情绪我做主

活动背景

中职生正处于情感体验丰富、情绪波动较大的青春期，还不能很好地调控自己的情绪，在产生不良情绪时，往往不懂得理智评估其负面影响。因此，有必要通过各种形式的活动引导同学们认识到：情绪来自人们对遭遇的事情的主观认知经验；同样的事件，由于个体认知评价的不同，也会造成不同的情绪和行为反应。同学们要学会掌握调节情绪的方法，根据自己情绪变化的特点，合理宣泄不良情绪，保持积极良好的情绪状态。

活动目标

1. 正确认知情绪的产生与变化。
2. 领悟情绪不同、人的行为结果也不同，情绪是可以调控的。
3. 树立积极健康的心态，调整情绪，掌握疏导情绪的策略。

活动准备

1. 学生分为若干小组。
2. 学生准备：笔，A4 纸。
3. 教师准备：轻音乐。

活动过程

一、团体热身

（一）热身游戏

变化的情绪

主持人：根据下面的小故事来模拟一个场景，请在纸上写下你的情绪体验（感受）。

小华经过几天几夜的辛苦，手工制作了一艘帆船模型，她很开心。她拿着帆船走着走着，突然看到地上有 50 元钱，于是就把帆船放到公园的长椅上，俯身去拾取 50 元钱。这时只听身后“咯吱”一声响，帆船模型被一位过路人坐坏了。

主持人：小华现在的心情如何？请同学们想象一下她的情绪变化。

（二）讨论分享

当她发现坐坏帆船的过路人是一位盲人时，小华会怎么想？请同学们体会在这个情境中，小华的情绪变化有哪些。

二、主题活动

（一）情景呈现

短文 1：被苍蝇夺走的冠军

1965 年的一天，世界台球冠军赛在美国纽约举行，就在夺冠热门选手路易斯·福克斯很快就要问鼎冠军宝座的时候，意外发生了，一只苍蝇落在主球上。当时路易斯不以为意，挥挥手赶走了苍蝇。可是，当他俯身准备击球时，这只苍蝇又嗡嗡地回来了。在观众的笑声中，路易斯不耐烦地去赶苍蝇，情绪也变得暴躁起来。而更糟糕的是，这只苍蝇好像故意要戏弄他一样，他一回到球台，它也如影随形地飞回来，惹得在场的观众大笑不止。

路易斯开始变得狂躁暴怒，疯狂地用球杆去击打苍蝇，却不慎碰到了主球，被裁判判为击球，遗憾地失去了宝贵的机会。本以为败局已定的对手眼见峰回路转，信心大增，奋起直追，最终迎头赶上开始反超，成功把冠军收入囊中。路易斯·福克斯就这样与冠军失之交臂了。

短文 2：不是为了生气而种花

在一个山村的学校里，老师照顾着十多个学生。老师有一项爱好，就是种花，喜欢花儿乎到了痴迷的程度，学生们学习之余经常帮老师料理这些花。有一天，老师要到县城买教科书，叮嘱学生们帮忙照看这些花，同学们满口答应。可是老师刚走没多久，狂风暴雨就忽然而至，花儿全被破坏了。学生们心里很不安，吃不好睡不稳，担心老师回来没法交代。终于，老师回来了，学生们小心地跟在她身后，可是老师一句都没有提花的事，倒是一如既往地对待学生们。这时，学生们忍不住了，问道：“我们没有照看好您的花，您怎么不生气呢？”

老师平静地说：“我种花的目的不是为了生气。”

（二）讨论分享

1. 准世界冠军被一只小小的苍蝇击倒，说明了什么？

2. 老师不生气的原因是什么？她的回答对你有什么启发？

____

进一步探讨：

如果两个情景中的主人公是你，你会如何处理？现实生活中有无相似的情景呢？

____

小贴士：不同的人站在不同的角度，会对同一事物有不同的认识，产生不同的情绪。所以，左右情绪的不是事情本身，而是我们的观点、态度、认知。要想避免情绪失调，我们就要做情绪的主人，学会自我调节，不被不良情绪打败，那么快乐就会自然而然与我们同在。

（三）情绪大挪移

在你的生活中，常体验到的情绪有哪些？从下面表达情绪的词语中把它们找出来，并在下面画线。

高兴、舒畅、愤慨、愤怒、恼火、悲哀、悲伤、伤心、痛苦、胆怯、害怕、恐惧、着迷、仇恨、嫉妒、烦闷、担心、发愁、压抑、无能、高傲、焦虑、恐慌、心烦意乱、害羞、愧疚、后悔、内疚、困惑、怀疑、失落、寂寞、烦躁、安宁、紧张、消沉、哀伤、憋闷、苦恼、忧伤、淡漠

小组分享：当在生活中出现了上述情绪，你是如何对待的呢？请将你的情绪大声说出来。

当我______________________________时，我会______________________________。

三、总结提升

（一）调控高招

情绪本身没有对错，但不同的情绪可能会产生积极或消极的不同后果。因此，我们要学会调适自己的情绪，做情绪的主人。在生活中，我们可以通过改变自己的态度来控制情绪。现在就让我们交流一下如何找到合适的情绪调适方法。

同学们结合身边的情况，讨论当出现情绪变化时，我们应如何进行调节，你有什么有效的方法？小组讨论后，将结果写在纸上，并请各组代表发言。

请你根据同学们的分享把调节情绪的方法总结一下：

1. 调控法：______________________________
2. 转移法：______________________________
3. 宣泄法：______________________________
4. 其他：______________________________

（二）总结激励

每个人每天都会经历许许多多的事，产生各种各样的情绪。我们要做的是找到适合自己的情绪调节方法。相信大家在今后的学习和生活中，也一定会自觉地运用这些方法。当学会利用情绪的自我调节来改善与他人的关系时，你的人生就会更加绚丽多彩。

四、课后拓展

推荐阅读：《别让情绪左右你》

这本书用近乎谈话的方式告诉我们，在愤怒时应如何控制和宽容；在悲伤时如何转移和发泄；在忧愁时如何释放和解脱；在焦虑时如何排遣和分散。它教会我们如何管理好自己的情绪，学会疏导和调节情绪，学会利用情绪的自我调节来改善与他人的关系。

活动案例

做情绪的主人

在我们的成长过程中，每个人都不可避免地有过焦虑、愤怒等情绪体验，而情绪具有干扰思维的强大力量。当我们被烦躁不安、生气、妒忌等情绪困扰时，就很容易产生不合理的想法，做出不理智的冲动行为。所以，我们要学会觉察自己的情绪，并能有效地控制情绪，做情绪的主人。

小林是中职二年级学生，在班会课上，班主任老师正在严肃地公布学校新的规章制度。老师在上面说，有些同学在下面小声议论，不时地发出几声怪笑。小林觉得这些制度有些严苛，不禁也跟着大笑了几声。没想到班主任勃然大怒，让她站起来，狠狠地批评了她。小林很不服气，那么多人怪笑，为啥就批评我一人呢？于是，她就跟班主任顶撞起来。班主任让她去办公室反省并写检查。小林很气愤，越想越委屈，一边写，一边生气，觉得倒霉的事都落到自己头上，觉得自己就是个晦气的人，晦气的人总是很倒霉！

那么，该如何帮助小林走出郁闷、气愤的情绪反应，改变她对自己的消极评价呢？

我们可以尝试着用心理学家艾利斯的合理情绪疗法来改善小林此时的心情。艾利斯认为，情绪来自人对所遭遇的事情的信念、评价、解释和观念，而非来自事情本身。认知是心理活动的“牛鼻子”，把认知这个“牛鼻子”拉正，情绪和行为的困扰就会在很大程度上得到改善。小林因被老师批评而引起了气愤、心理不平衡等情绪体验，产生“自己就是个晦气的人”这种不合理的想法。小林可以改变自己的想法，在这件事中觉察到自己不是完美的人，允许自己犯错误，也允许老师生气，为自己所犯错误主动承担责任。这样，就不会因认为自己是晦气、倒霉的人而产生懊恼和生气的情绪了。认知改变，情绪就会改变，结果也就随之改变，也就是换了个角度看问题，不再让负面情绪主宰自己。

因此，我们要学会驾驭情绪，做情绪的主人，借助合理的情绪疗法来科学地管理自己的情绪。还可以尝试用下面这些方法：

（1）垃圾桶宣泄法。找一张纸，写出此时自己的负面情绪，再写上烦恼的原因。然后把它揉成团，一边扔进垃圾桶，一边嘴里说：我把生气（愤怒、委屈、羞耻）扔进垃圾桶。

（2）“抱怨”宣泄法。不妨给自己建立一个抱怨的本子，或者在教室开设“抱怨平台”，让同学们把不满意的事写出来，定期讨论解决对策，让不良情绪得到宣泄。

（3）情绪修炼法。建议每天在临睡前静坐下来，深深地吸气，再慢慢地吐气，吐气完毕，屏住呼吸 5 ～ 10 秒。如此反复，每天练习十分钟，慢慢地你就会感到明显的放松和平静。运用情绪修炼法，能够帮你逐步将情绪调整到一个平和、稳定的状态。

思考题

1. 你是否能用合理情绪理论来处理你遇到过的不满意的事？

____

2. 如何做情绪的主人？结合实际生活，试着找到更多的调节技巧和方法。

____

第2课 让规则守护生命

活动背景

国有国法，家有家规，有了规则就有了对生命的守护，就有了秩序与和谐。遵守规则是每个学生必须具备的思想品德，树立规则意识对我们形成正确的人生观、价值观具有十分重要的意义。本节活动课旨在引导同学们理解遵守规则的重要性；帮助大家养成遵规守纪的良好习惯，逐步实现从被动遵守到内在需要的转变；培养珍爱生命、勇于为自己的行为负责的优秀品质。

活动目标

1. 认识遵守规则的重要性，建立良好的规则意识，在规则允许的范围内自由活动。
2. 树立良好的责任意识，培养勇于承担责任的优秀品质。
3. 认识并理解生命的价值，珍爱生命。

活动准备

1. 学生分为四个小组。
2. 学生准备：纸，笔。
3. 教师准备：社会上和校园内不遵守规则的图片素材、阅读材料。

活动过程

一、团体热身

（一）热身游戏

龙头龙尾

两个同学一起玩石头、剪刀、布的游戏，输者站在赢者的后面，双手搭在前面同学的肩上。赢者再去找另一个赢者玩石头、剪子、布，输者站在赢者的后面。到最后，全班同学形成一条长长的龙，然后首尾相接，全班同学围成一个圈。

（二）讨论分享

1. “龙头”有什么感受？“龙尾”有什么感受？

______

2. 刚才在游戏的最后，同学们为什么能够形成一条龙？大家在游戏的过程中遵守了什么？

______

3. 通过这个热身游戏，你的感受是：

______

二、主题活动

（一）情景呈现

两 个 轨 道

有一处火车轨道，由于道路改道，原来的轨道已不用，新的轨道建好并且通车了。在新修的轨道旁边，竖了一块牌子，上面写着：严禁在此玩耍！有几个学生放学后来到这里，其中一个学生看到牌子的警示后，就跑到原来的旧轨道去玩了，而其他三名同学虽然看到了那块牌子，但是他们没有理会，仍然在新轨道上玩。这时，突然一辆火车疾驶而来，速度太快，这三名同学已经来不及从轨道上撤离……

（二）讨论分享

1. 假定这两个道口中间有一个控制装置，可以决定火车朝哪个方向开，既可以沿着新轨道开，也可以沿着原来的旧轨道开。如果你是火车司机，你会把火车调转到哪个方向？为什么？说说你的心情。

____

2. 如果你是在新轨道玩耍的学生，你希望司机怎样调转方向？为什么？ 说说你的心情。

____

3. 如果你是在旧轨道上玩的那个同学，你希望司机如何调转火车方向？为什么？

____

小贴士：这个活动的讨论有关道德两难的问题，虽然有些残酷，但是在同学们内心引起的震撼和思考是强烈的。也许有的同学说这件事是不可能发生的，其实是因为你的内心也不愿意这样的事情真实发生。现实生活中没有如果，答案也没有选择，因为新轨道有守护生命的规则：严禁在此玩耍！谁是规则的遵守者，谁就是生命的主宰者。

三、总结提升

（一）触目惊心

请同学们看以下数字和图片：

根据官方对交通事故的数据统计：近年来，我国每年平均发生机动车交通伤害事故20余万起，死亡人数超过6万。交通事故中每死亡3个人，就有2个是跟违章驾驶相关。这些机动车违章事故中严重超载、疲劳驾驶和超速驾驶最为突出。

据统计，全世界约有40亿公顷森林，平均每年发生火灾多达20万起，只有10%是因森林上空雷电击起火，90%是因吸烟、玩忽职守和防范措施不完善等引起的。

引导：同学们思考一下，为什么会发生这些事情呢？难道事故责任人不知道操作规范？是没有看见警示牌吗？还是因为没有养成遵守规则的意识和习惯？你的观点是：

____

你平时观察到的在校园生活中有哪些不遵守规则的现象呢？

（二）评估自制能力

利用下图，评估自己在纪律、学习、时间和金钱四个方面的自控能力。按照1～5分打分，将自己的得分点用线连起来，并用彩色笔填充圈起来的部分，绘制自己的“自制能力”图。

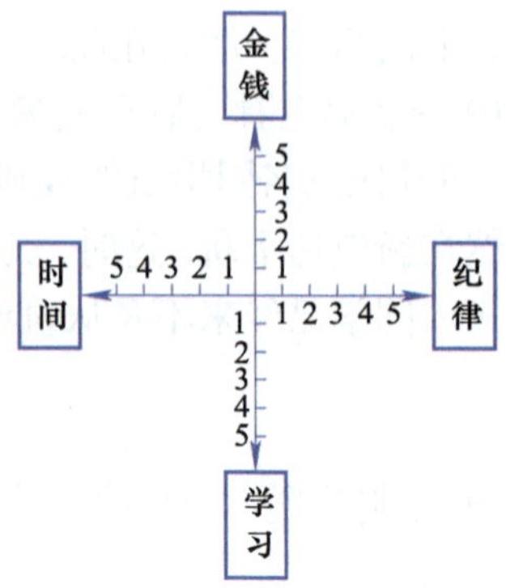

（三）总结激励

在生命和规则之间，对于自己来说生命可贵，对于社会来说规则更重要。规则既是一种约束，也是一种保护。只有一个人把规则、责任和生命联系在一起时，他才会知道遵守规则的重要性和意义。因此，我们在平时的生活中，每个人都应该遵守规则，并养成良好的规则意识，在规则范围内行使自己的权利和自由，那才是对生命的最大珍惜和爱护。

规则，不是为了限制我们的行为自由，而是为了保障我们的安全，让社会更加有序和谐。遵守规则应从身边的一点一滴做起，从身边的小事做起。遵守规则是对自己负责、对社会负责的体现。

四、课后拓展

推荐阅读：《心理学与自制力》

读此书，可以帮助我们掌控好自己的时间与生活，拒绝诱惑，排除干扰，专注目标，严格自律。强化自制力，集中注意力，克服拖延的劣习，控制好自己的情绪和行为，合理地安排自己的时间和精力。

活动案例

规则与自由

规则意识是每个人必须具备的基本素质，规则意识有三个递进层次：关于规则的知识，遵守规则的愿望和习惯，遵守规则成为人的内在需要。第三个层次恰如孔子所言：“从心所欲不逾矩。”在这种境界中，外在规则会成为人的内在素质。从规则向素质的转变，是生命获得了真正自由的标志。

某野生动物园的老虎伤人事件，来得突然，伤得惨痛。禁止在猛虎区下车，这就是规则；被老虎所伤害，是因为不遵守规则。打开车门的那一刻，就注定要为自己的行为负责。可见，最可怕的不是老虎，是人们对于规则的藐视。

其实，老虎不仅存在于动物园，校园内也存在“吃人的老虎”。例如某学院学生公寓发生火灾，就是一起因为违规使用电热水器而付出惨重代价的典型事件。在现实生活中，总有一些人视规则为儿戏，无视规则，藐视规则，结果使他人、社会，也使违规者自己付出了惨痛的代价。

处于青春期的学生个性张扬、不喜欢约束，不愿遵守规则、明知故犯的现象时有发生。那么，如何正确理解规则与自由的关系，学会合理约束自己、自觉遵守规章制度呢？

首先，我们需要正确地认识规则与自由的关系。规则是保障自由的重要条件，自由是规则追求的最高目标。规则对自由不是一种限制，被规则约束并不意味着失去自由，而是一种对拥有自由的保护。“规则”“规矩”及“纪律”与我们的生活息息相关，尽管在某些方面限制了我们的部分“自由”，但却更好地保证了我们真正的“自由”。这就是“规则”与“自由”之间的辩证关系，也是世间万物所共有的一种特殊的辩证关系。

其次，我们必须认识遵守规则、敬畏规则的重要性。孟子说过：“不以规矩，不能成方圆。”任何随心所欲的自由，如果没有限制，都会伤害到他人安全，危害社会稳定。罗曼·罗兰说过：“一个人的绝对自由是疯狂，一个国家的绝对自由是混乱。”我们可以设想：假如没有环境保护法，我们将会失去美丽的家园；没有道路交通安全法，有多少人会失去让生命继续的自由；没有食品安全法，我们将被生存危机所包围；比赛没有规则，我们将无法体会到竞技的公正和快乐；学校没有规则，校园将会呈现混乱无序的状态。

可见，规则并不是限制人们自由的枷锁，只有遵守规则才能享有充分的自由。规则像一个安全卫士，保障着国家的安全、社会的稳定、家庭的和谐，保障我们健康、平安、有序地生活。

思考题

1. 列举你周围因不遵守规则而导致对己对人产生危害的事例。

2. 规则与自由之间有什么样的辩证关系？

第3课 静待花开

活动背景

早恋犹如一朵带刺的玫瑰，少男少女常常被其芬芳所吸引，可是一旦情不自禁地接触后，却常常身心疲惫、伤痕累累。由于年龄小、没有社会经验而又充满幻想，有的同学常常误把好感当成爱情，冲动行事却没有能力驾驭跌宕起伏的情绪，以致引发一系列苦涩后果。本节活动课旨在通过分析早恋的利弊，促使同学们在早恋的诱惑面前构筑坚实的心理保护屏障，做出正确的选择，并为此承担责任，把握青春期的成长机会，使自己的心理变得更成熟、理性和健康。

活动目标

1. 了解青春、成长与爱情的关系。
2. 调整心态，提高应对青春期心理冲突的认识，面对早恋做出正确的行为选择，获得积极、愉悦、健康的成长体验。

活动准备

1. 学生按自然座位两人结为一组。
2. 学生准备：纸，笔。
3. 教师准备：课堂情景剧《青春的故事》，歌曲《远方》。

活动过程

一、团体热身

（一）热身游戏

不一样的感受

同学们全体起立，按自然座位两人一组，后面的同学为前面的服务，然后集体转身角色互换，同学们互相为对方揉肩、敲背，创设轻松、愉悦的心理氛围。

游戏规则：只准动手，不准动口；注意体验自己的感受并与同学分享。

（二）讨论分享

1. 相互服务的同学如果是同性的会是什么表现？又有什么感受？

____

2. 如果是异性同学又有什么不同的表现和感受？

____

二、主题活动

（一）情景呈现

情景一

小丽是一名聪明的中职一年级女生。她的父母平时工作很忙，除了偶尔过问学习成绩，很少有时间和她沟通交流，因此她觉得很孤独。第二学期的时候，班里转来一位男生小亮。小亮身材高大，外表很帅气。刚来时，老师安排小亮坐在小丽的后面。小丽在与他交谈中，得知小亮从小生活在单亲家庭中，父亲工作很忙，脾气暴躁，平时对小亮非常严格，所以家庭温暖对小亮来说既遥远又陌生。于是小丽和小亮两个人就有了一种“同是天涯沦落人”的感觉。渐渐地，小丽与小亮之间的共同语言越来越多，交往越来越频繁，两颗孤独的心越靠越近。后来，两个人的过密交往开始引起同学的议论，老师也加以劝告。

讨论分享：小丽在这样的情况下，可能有两个选择：我行我素、不理会别人的看法；暂时冷处理，保持一定的距离。如果你是小丽，你会怎样选择？为什么这样选择？

同学们小组讨论，全班分享交流。我的分享是：

____

情景二

张岩，某中职二年级男生，不善交际，性格内向，学习成绩一般，属于班上不太被关注的类型。有一次，任课老师在下班回家的路上，看到他和同班女生小美在快餐店，有说有笑，边吃边互相喂饭。在以后的几天里，其他老师又多次看到两人手拉手散步的情形。班主任通过宿舍同学了解到，张岩认为自己的所作所为很正常，理由是经常看到周围有些同学出入成双，闲暇时便到小吃部边吃边聊天，心里很羡慕，正好宿舍男生说他没有魅力，找不到女朋友，所以就打赌约了同班的小美一起出去玩，从而证明自己的魅力。

（二）讨论分享

1. 如果你是小美会怎么决定？拒绝还是接受？拒绝，你会对他说什么？接受，是因为什么原因接受？

____

2. 如果知道了对方幼稚肤浅的约会真相，你会怎么想？

____

3. 你是否对异性产生过好感？如果有，你会怎么办？

____

三、总结提升

（一）课堂情景剧

由于每个人对情感的认知态度不一样，所以大家采用的方式方法也不尽相同，往往最后导致的结果也不同。我们究竟应该如何处理这一类问题？请看同学们自己排练的课堂情景剧《青春的故事》。

主持人：下面故事的主人公是两位中职生，他们在相处的过程中渐渐产生了异样的感觉，如果是你，你该怎么面对这种朦胧的情感？

第一幕：青春的萌动。小轩是个热心的男生，经常帮助周围的同学。女生影儿有了困难也经常请他帮忙。渐渐地，两个人越走越近，小轩现在看见影儿就脸红、心跳，心里紧张，怕见到她却又想见到她，连上课也忍不住经常地抬眼相望……

主持人：同学们有没有出现过小轩这样的情况？你们认为遇到这种情况该怎么办？

____

第二幕：奇怪的信件。一个月后，影儿收到一封来自小轩的信件，影儿看了以后，内心在苦恼和欣喜之间反复地纠结着，她不知道到底该怎么办……

主持人：信上可能写了什么呢？影儿收到信以后该怎么办？她有没有能力接受这样一份感情？你能帮她做个选择吗？

A. 答应小轩，与他交往　B. 向信任的人求助　C. 委婉拒绝他，仍然做好朋友

请选择并分别谈谈看法。

____

第三幕：冲动的惩罚。影儿和小轩走到一起了，他们不顾老师的劝阻、同学的议论，出入成双、形影不离，成绩一路下滑。有一天两个人在房间里看照片，听着美妙的音乐，小轩有了一种身体的冲动……

影儿怀孕了，万般无奈之下只好去医院堕胎，身心遭受了不可弥补的巨大伤害……

后来，小轩和影儿相继转学了，他们再也没有联系过，曾经活泼开朗的花样少年如今变得沉默寡言……

主持人：面对冲动，小轩可以有怎样的选择呢？

对于一个未成年少女而言，怀孕、流产会对她有什么影响呢？

小组同学讨论、思考并分享。你的分享是：

____

引导思考：求偶行为是动物的本能反应，就像孔雀开屏，雄性孔雀遇见自己喜欢的雌性孔雀就展示自己美丽的尾羽。而我们人类作为高等动物，有思想，有意志，能用理智战胜冲动，可以借助法律、道德等来进行自我约束与控制。

（二）真爱等待

请同学们认真阅读真爱立约卡内容，给自己一个承诺，牢记在心，坚定信念，决心做到。找一个自己信任的人做见证人，然后在上面签字。静待彼岸花开。

真爱立约卡

我相信生命中有一份真正的美好的爱情，为了得到它，我决定等待。

我郑重承诺，为了我自己、我的家庭和我未来的伴侣，我要把爱留给我爱的人，把性爱献给我的配偶。这是对我和对他（她）的最大尊重。

我谨记我的诺言，并坚持到底。无论遇到什么压力，我相信这是成熟、勇敢、正确的决定！

我珍爱自己并尊重他人。

我愿意为自己的爱情负责！

立约人：__________　见证人：______________

年　　月　　日

（三）总结激励

大家听过《远方》这首歌吗？纯净优美的歌声里，娓娓诉说着花季少女对未来爱人的美好期待和愿为爱守候的美丽心事："属于我的爱，先种在你心中，请感动我，等它成熟。"亲爱的同学们，爱情的果实无比甜美，早恋却是一枚苦涩无比的青苹果，我们应该耐心等它成熟，用理智控制自己摘取青苹果的冲动。

对异性有好感，如同小树发芽、开花、结果一样正常。当有早恋倾向时，可以用以下办法摆脱：把精力转移到其他感兴趣的事情上去；搁置恋情，拉开交往距离，不向对方敞开心扉；冷处理，保持纯洁友谊，不单独交往。这样不仅能获得同学的帮助和友谊，还能精进学业，受益多多。

四、课后拓展

推荐阅读：《致橡树》和《懂得爱》

1. 请阅读舒婷的《致橡树》，思考凌霄花、木棉、橡树象征怎样的两性关系？哪一种是你理想中的两性关系？

2. 推荐阅读《懂得爱》这本书，本书注重两性关系中双方的持续成长和自我突破，强调分享、信心、接纳和客观的个体责任，教导我们如何在关系中呈现爱的完整意义。

活动案例

爱情三角理论

美国心理学家斯腾伯格提出了爱情三角理论，他认为所有的爱情体验都是由激情、亲密和承诺三个基本成分组成，激情是"热烈"的，亲密是"温暖"的，而承诺是"冷静"的。只有两个人的爱情三角形在彼此稳固的基础上相合或者互补，注重激情、亲密和承诺三方面的完美结合，爱情才能完美。在成年人的世界中，随着时空的变化，爱情三角形尚且会有变形、摇晃甚至散架，何况身心尚未成熟的中职生？

男生小谷和女生安安是中职学校的学生，二年级时，两个人在一次活动中互相吸引，认定对方就是真爱，几次约会之后，关系迅速升温。不但如此，两个人在频繁的交往中忍不住好奇，偷吃了禁果，从此更加迷恋对方，无心学业，两人原本优异的成绩直线下降。真相被老师和家长觉察后，两人对苦口婆心的劝告无动于衷，自作主张双双辍学，进入社会闯荡。本想凭借二人之力构筑爱巢，然而现实很快把他们的幻想击成碎片。他们好不容易找到了工作，每个月辛苦劳作却只拿着微薄的薪水，关系也不复当初的甜蜜，经常发生口角，和家人的关系也降到了冰点。

面对巨大的变数，安安苦恼极了，不知道当初的"真爱之路"为什么越走越窄、处境越来越艰难。那么，如何帮助安安理性地看待爱情呢？

1. 要想长久维持一段感情，仅仅有最初的亲密和激情远远不够，更要有两个人同频成长的步伐、具备安身立命的谋生技能。只有真正具备了应对现实种种挑战的能力，才能实现对彼此的承诺。

2. 青春期是身心发展变化最快的阶段，即使一开始两个人的爱情三角形是相合的，也会随着时空的推移而出现变化。一旦双方的三角形变化差异过大，甚至出现严重的冲突，爱情的消亡就变得不可逆转。

3. 想要赢得完美的爱情，还是要不断地成长和修炼自己，当具备了在社会中谋生和立足的本领，爱情观的三角形相对稳定以后，再去寻找另一个相合或互补的三角形，才是寻求真爱的正确道路。

思考题

1. 在完美的爱情中，激情、亲密与承诺是什么关系？试通过家长或亲友的事例加以说明。

____

2. 读完本文，关于爱情你悟到了什么？今后应该怎样做？

____

第4课　风雨中我成长

活动背景

挫折是人们在从事有目的的活动时受到阻碍和干扰、获取成功的心理需要得不到满足而产生的一种消极的情绪反应。如果处理不当，它会给人造成心理压力，损害身心健康，从而影响学习和生活。大多青少年学生是在非常顺利的环境中成长起来的，抗挫折能力普遍较低，一旦遇到逆境，往往容易产生自怨自艾、悲观、失望的消极心理倾向。因此，及时地对学生进行挫折教育，帮助其正确认识挫折，掌握战胜挫折的方法，形成正确的挫折观尤为重要。

活动目标

1. 认识困难和挫折的价值，学会正确面对人生中的艰难困苦。
2. 掌握一些战胜挫折的方法，形成正确的挫折观。
3. 能够用开朗乐观、坚强积极的心态去面对困难挫折。

活动准备

1. 学生分为两组。
2. 学生准备：气球，细线，蜡烛，火柴，红黄两色牌等。
3. 教师准备：室内或室外场地，歌曲《阳光总在风雨后》。

活动过程

一、团体热身

（一）热身游戏

红　黄　牌

把学生分成两组，一组举红牌，一组举黄牌，并排站立。学生听主持人的口令举牌。听到口令后，做错的学生要举起手大声说“对不起，我错了”，然后回到座位上。

主持人的口令：举起红牌、放下黄牌、不要放下黄牌、放下红牌、不要不放下黄牌、不要不举起红牌、不要不放下黄牌、千万不要不举起黄牌等。

指导建议：游戏的目的是创造融洽的团体气氛，集中学生的注意力，让学生初步品尝受挫的感受。喊口令时不要速度太快，游戏时间控制在5分钟左右。

（二）讨论分享

1. 第一位举错牌退出游戏的学生有什么感受？

______

2. 到最后都没有出错的学生有什么感受？

______

3. 通过这个热身游戏，你的感受是：

______

引导思考：在我们的生活和学习中，往往要面临一些挫折，会让内心觉得很沮丧，今天我们一起讨论关于挫折的话题。

二、主题活动

（一）情景呈现

竞选失败

小娟连任两年班长，上学期末又被评选为三好学生。本学期初竞选班长时，小娟觉得稳操胜券，班长职位非她莫属。谁知同班王伟站起来说："本学期我也想竞选班长。"话音刚落，教室里掌声四起。

班主任给他俩5分钟时间，即兴谈一谈搞好班级建设的设想，然后进行无记名投票。结果大大出乎小娟的预料，王伟以绝对优势当选了班长。小娟尴尬万分，勉强鼓掌。

本学期的竞选失败，导致小娟一蹶不振，成绩也一落千丈。

（二）讨论分享

1. 如果你是小娟的同学，你想对她说：

______

2. 如果你是小娟，你会怎么做？

______

3. 你有没有类似的经历和体验？你是如何解决的？

______

小贴士：同学们，在我们的生活中，没有人不遇到挫折，每个人的人生经历中都会有许多困难和挫败，问题的关键不是我们遇到的困难，而是我们面对困难的心态。每一颗珍珠都是经过磨砺才形成的。因此，我们要学会接纳挫折，学会与挫折共舞。

三、总结提升

（一）欣赏故事

德国音乐家贝多芬在26岁时开始出现耳聋症状，晚年全聋，只能通过谈话册与人交谈，但他却是世界上最伟大的音乐家之一。

美国作家海伦·凯勒，在她一岁半的时候，一场重病夺去了她的视力和听力。接着，她又丧失了语言表达能力，却以优异的成绩从哈佛大学拉德克利夫女子学院毕业，成为一个学识渊博的人。

著名发明家爱迪生，小时候在火车上被打而致失聪，他只读过三个月的书，一生中却拥有 2000 多项发明，1328 项专利。

英国科学家霍金在 1985 年因手术彻底丧失说话的能力，演讲和问答只能通过一台语言合成器来完成，却成为人类历史上最杰出的科学家之一。

如果说人生是一条路，没有一个人的人生之路是平坦大道，每个人的人生之路都充满坎坷。那么，在我们的生活中，你曾经遇到过怎样的困难？承受过怎样的挫折？当时你的感受是什么？

____

挫折带给我们痛苦的同时，还带给了我们什么感受？

____

同学们分组谈论之后，全班分享，总结出战胜挫折的方法。

____

小贴士：当我们看到这些身残志坚的事例时，不由得对这些科学家、音乐家心生一股敬佩之情。他们都身有残疾，却都有伟大的成就，就是因为他们面对挫折而不向命运低头。最重要的是他们都有着常人没有的坚强意志。我身无残疾，我应该比他们更加容易攀上科学的高峰，但前提是：我也得具有顽强的毅力和正确看待挫折的心态！

（二）总结激励

无数历史的事实和社会的实践证明：挫折几乎伴随着人生的全部过程，它像埋伏在人生旅途中的顽皮鬼，于不经意间要绊你一个或大或小的跟头，使你陷入人生灰色的圈子从而备感焦虑，甚至失意彷徨，难以自拔。但是，只要我们以积极健康的心态去面对困难和挫折，就可以做到不在失败中倒下，而在挫折中奋起，没有登不上去的山峰，也没有趟不过去的河流。

最后送大家一首《阳光总在风雨后》，让我们一起勇敢地去面对人生的风雨吧！

四、课后拓展

推荐影片：《当幸福来敲门》

剧情简介：男主人公克里斯已近而立之年，他自幼遭生父遗弃，却又遇上脾气暴虐的继父，克里斯因为不幸的童年而暗暗立下誓言，无论面临怎样的困境都要让自己的孩子在爱与关怀中长大。但他事业屡屡受挫，生活窘迫不已，妻子因为不堪贫穷舍他而去。相依为命的父子俩也因为穷困而流离失所，他在卖骨密度扫描仪之余，兼做实习生，后来还不得不去教堂排队，争取得到教堂救济的住房，甚至因为贫困而去卖血。但他始终怀揣梦想，始终不改幽默和坚毅的本色，面对逆境，不屈不挠地奋斗，终于功成名就。

活动案例

面对逆境的态度

赫胥黎说：“经验不是一个人的遭遇，而是他如何面对自己的遭遇。”每个人都有权选择自己的生活态度，而态度则影响我们待人处世的方法。选择积极进取、力求突破，还是消极退让、虎头蛇尾，对自我发展和战胜逆境影响极大。

众所周知，先后获得14次世界冠军头衔、在乒坛世界排名连续8年保持第一的乒乓球选手邓亚萍，从小就立志成为一名优秀的运动员。但是由于她个子矮小，手脚粗短，被体校拒之门外。无奈之余，年幼的邓亚萍跟着父亲学习乒乓球，为了练就扎实的基本功，她在自己的腿上绑上沙袋，把木拍换成铁拍。为了提升球技，她完成每天的体能课后，主动再做100个发球接球的动作。腿浮肿了，手磨破了，但她从不叫苦喊累。15岁的邓亚萍在全国的多项大赛中获得团体和单打冠军后，如愿进入国家队。为了克服自身条件的劣势，她总是超额完成训练任务。长时间高强度、大运动量的训练，导致邓亚萍的身体落下很多伤病。最终，邓亚萍的出色成就改变了世界乒坛只选拔高个子运动员的传统观念。国际奥委会主席萨马兰奇亲自为她颁奖，邀请她到洛桑国际奥委会总部做客。面对逆境，战胜困难，就要有强者的心态，这也是直面挫折时应有的一种态度。

想想我们自己和周围的朋友，在面对逆境时的态度可以让我们更深刻地了解这个人。他是否经常在逆境出现时立刻放弃？当问题发生时，他是否总归咎于他人？处境不利时，他是否总是抱怨，做出一副无能为力的样子？遇到困难时，他是否不屈不挠、顽强应对？问题出现时，他是否立刻采取措施，积极寻求补救的方法？这些信息都告诉我们谁是可以信任的人选，而谁又是难以担当大任的人。

面对挫折的能力并非天生，而是可以通过学习来练习和强化的。面对逆境，我们不仅要有正确的态度，还要有及时的行动。自信的人，不会害怕一时的困难和不顺。能认识自我和欣赏自我的人，具有良好的心态，便不会在面对逆境时贸然走上“不归之路”。至于责任感和担当精神，面对逆境时更是必不可少的，唯有如此，才能勇敢面对而不会轻言放弃。

思考题

1. 你认为如何才能战胜逆境、发展自己？

____

2. 古人云：“有诸内者，必形诸外。”你是如何理解这句话的？

____

第 5 课　与压力同行

活动背景

我们在生命中的每一个阶段都会遇到不同的问题，承载着这样或那样的压力。心理学研究表明，适当的压力不但对人无害反而有利，而过重的压力或者毫无压力却是不利于健康的。中职学生存在着诸如专业学习、个人情感、人际交往、职业规划以及父母老师的期望等不同方面的压力，由于受到特有的生理心理条件限制和相关引导缺失的影响，中职生往往对压力的认识不足，没有对抗压力的精神准备和疏导方法。因此，及时地引导大家认识压力、正确面对压力，掌握减少压力的方法，对形成积极的人生态度、培养良好的个性品质起着极其重要的作用。

活动目标

1. 学会认识压力源，认识压力的正面作用和负面作用。
2. 领悟压力存在的必然性，学会对压力做出建设性的反应。
3. 调整心态，认识到压力积极的一面，掌握管理压力的策略。

活动准备

1. 学生分为若干组，每组 6 ～ 8 人。
2. 学生准备：椅子（按照学生人数准备），A4 纸，笔。
3. 教师准备：绿豆、黄豆或大米。

活动过程

一、团体热身

（一）热身游戏

小心你的手指

同学们围圈而站，每一位同学的左手食指伸出，右手伸出手掌，左手食指放在旁边同学右手掌下。主持人发出口令，告诉同学们当听到数字最后一位是 3 的时候，如“3，13，23，…，123”，同学们左手要迅速缩回，右手去抓相邻同学的食指。被抓住次数多的同学要出列表演节目。

指导建议：当发出口令时，可以在“3”前故意拖长音，增加紧张气氛。

（二）讨论分享

1. 当你抓住别人手指时是什么感受？当你被别人抓住手指时你的感受又是怎样的？

____

2. 被抓住次数多要表演节目的同学有什么感受？

______

3. 通过这个热身游戏，你的感受是：

______

二、主题活动

（一）情景呈现

行走的“蜗牛”

将全体同学分成6～8人一组，每个小组围成一圈，给每位同学发一些绿豆、黄豆或大米，放在鞋子里，然后全体站起，把身体弯成90°，用手从背后托起椅子背在背上，每个人与前面的人保持距离。随着主持人的口令，顺时针跟着前面的同学蹒跚前行，口令要逐渐加快，然后再逐步放慢。

活动指导：请想象我们都是一只只小蜗牛，背上背着重重的壳，脚下的路也崎岖不平，用心来感受你的后背和脚底。

指导建议：椅子最好用木质的，豆子要提前分给小组长。转动时，主持人口令要从慢到快，再从快到慢，让同学们转上两圈，充分体验硌脚和负重的感觉。同时注意安全，避免磨破脚底或被椅子砸到。

（二）讨论分享

1. 像蜗牛一样背着房子走让你想到了什么？脚下踩着豆子有什么感受？

______

2. 现实生活中有没有过类似的情绪和情景？

______

进一步探讨：

3. 如果我们放下背上的“壳”，生活会有什么变化？

______

小贴士：我们每个人都背负着压力，它也许来自于我们的学习，也许来自于我们的工作、情感、经济条件或者对未来的期望，也许来自于我们必须承担的责任和义务，正是这些构成了我们在这个世界上存在的理由和价值。就像蜗牛背上的壳，它带给我们压力的同时也带给我们动力和保护。

三、总结提升

大浪中空船航行是危险的，让船承载一定重量才比较安全。人生也是如此，有一定的压力，经风历雨才能磨砺出坚稳的脚步。那么我们应该如何应对压力呢？

（一）抗压方法

主持人给每个小组发放纸和笔，对照着右边“抗压力盾”，写出应对压力的策略，看哪一个小组在规定的时间内写出的方法多。

指导建议：在写应对压力的方法这个环节，主持人要给出一个时间规定，比如1分钟或者2分钟。

讨论分享：请各组派代表分享自己的策略，并把纸贴在班级文化墙上，让同学们有时间可以充分相互分享自己的抗压方法。

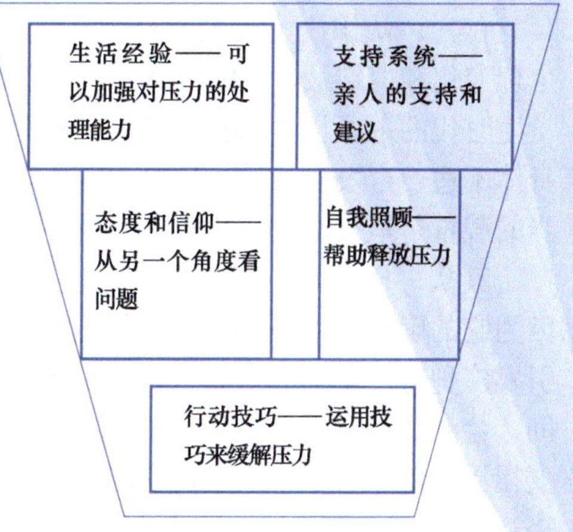

我的抗压力方法：

（二）总结激励

每个人每一天都像蜗牛一样，不得不背负着自己的“壳”。压力无处不在，我们要做的不是消除压力，而是要学会如何面对压力。

首先，人承载压力的能力往往超过自己的预期。关键不是压力，而是应对压力的心境，是纠结恐慌还是积极勇敢。面对压力不要一味地抱怨，要学会运用资源，调整自己的状态，用积极的状态面对来自各方面的压力。其次，要分析压力来源的大小与远近，分层次和时间去管理。最后，同学们要学会求助，在自己能力范围外的要寻求家长、老师和同学的帮助。

四、课后拓展

推荐阅读：《压力管理策略》（西华德）

这本书吸收东西方文明的精华，不仅写出了压力的本质内涵，还提出16种应对策略和12种放松技术，帮助你更有效地管理你的压力，减轻和消除压力症状，从而减缓现代生活给人们带来的心理冲击。

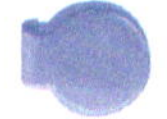

活动案例

正视压力

每个人都会有心理压力，导致心理压力的因素很多，可能是来自社会的，也可能是来自家庭的。对于中职学生来说，专业学习、人际交往、情感追求和对未来的迷茫等方面都可能会给我们造成心理压力和困扰。

李越是中职学校机电专业三年级学生，在校担任学生会干部，工作能力很强。新学期开学之初，学生会工作很烦琐，人员也正处在新老交替阶段。他既要安排全校的活动，又要培养新的干部，根本无暇顾及学业。一想到升学考试，他就烦躁紧张。偏偏最近家里的生意不好，父母总是吵架，妈妈每次打电话总要念叨一堆家庭琐事。这些也让他心烦意乱，又无能为力，想起来就烦躁不安，经常失眠。现实生活中，像李越这样的学生有很多，学业上的迷茫加上家庭、经济和父母关系的困扰，给这些社会经验和心理素质尚不成熟的青少年造成了巨大的心理压力。那么，如何帮助像李越这样的同学减轻压力，走出苦闷的情绪呢？

首先，认识压力无处不在。心理压力是外界环境的变化和机体内部状态所造成的人的生理变化和情绪波动。我们每个人每个年龄阶段都会遇到不同的生活情境，出现不同的压力。学生时代的主要压力来自学业，毕业后还会涉及求职应聘、结婚生子、调整工作、中年危机、身体不适、亲友亡故等。完全没有心理压力的情况是不存在的。就像在大海里航行的船，适当的载重是最安全的，被风浪打翻的往往是小船和空船，这就是“压力效应”。

其次，压力具有两面性。心理压力既有魔鬼的一面又有天使的一面。说它是魔鬼，是因为它的确能带给人心灵和躯体的双重伤害。长期处于心理应激状态会使人体免疫力降低，引发多种身体不适和疾患。说它是天使，是因为适当的压力可以为人体免疫系统带来有益帮助，会激活所有重要的免疫细胞，使大部分白细胞进入战斗状态，让身体保持在觉醒状态，变得更加健康有活力。就像李越担任学生会干部，虽然工作任务重，但是也锻炼了他的交流表达与处理问题能力，为其以后走上工作岗位能更好地处理问题打下了良好的基础。

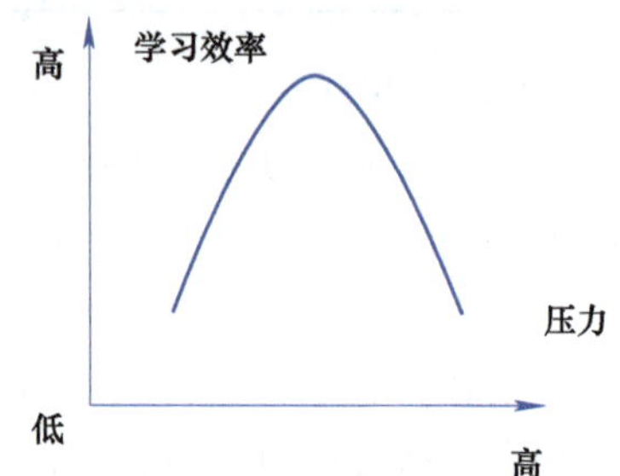

最后，压力与效率关系成倒“U”形。心理学研究发现，压力与效率关系成倒“U”形曲线，过大的压力会导致高度焦虑和紧张，使学习效率降低；适度的压力则会使大脑处于适度兴奋状态，思维的灵活性、广阔性和深刻性会得到更好的发挥，是有益的，能够提高工作和学习的效率。

了解了这么多关于压力的内容，相信像李越这样的同学会明白：压力无处不在，要学会区分压力源的远近大小，活在当下，处理好眼前的事情；压力具有两面性，要学会认识和接纳压力，也要学会调整和运用压力，只有这样才能更好地迎接生活挑战，实现自己的人生价值。

思考题

1. 根据文章介绍，适度的压力可以提高效率，你是否也有过类似的体验呢？说说当时的情况。

2. 分析自己的情况，确定几个让你有很大压力的生活情境，制定几种管理压力的策略并尝试着去体验一下，以减轻你的压力。

单元实践活动

活动任务

根据自己的弱点和需要，设计自控力的训练计划，发掘自己更强的意志力和自律能力。选择在一个规定的时间内，坚持做一件事情。比如：每天清晨 5 千米慢跑，或者做俯卧撑 30 个；练习一种乐器，每天坚持一个小时；坚持每天读书 20 页，或是写一篇日记；甚至是减肥、不玩游戏等。

自控力训练表

	周一	周二	周三	周四	周五	周六	周日
项目 1							
项目 2							

活动指导

1. 每天要坚持，增强自己的承受能力。
2. 列一个活动表格，记录活动情况，请老师、家长或同学监督。
3. 与同学分享经验和心得。

活动反思

第三单元　适应与积累

单元目标

适应环境　掌握技能

适应就是学会按已有的规律去办事，适应的过程其实就是融入和学习的过程，学会适应才能有效提高自己。中职生面对学业上的种种挑战，最好的适应是像海绵一样不断汲取环境中的营养和能量，足够“量”的积累必定产生“质”的飞跃。学习是一次长途跋涉，求知要靠不断地积累。对于中职生的成长，迫切需要改变的往往不是环境，而是学习者本人。

本单元针对中职生的心理适应问题，给出了中肯的建议；对于中职生应该具备的学习和生活技能，分别从宏观和微观层面进行了剖析与指导。目的在于引导同学们懂得适应的意义，学会自我调适，保持良好的适应能力；帮助大家建立积极稳定的学习动机，激发学习的主动性；认识技能的重要性，挖掘自身潜能，提高学习技能的原动力；体验学习时间的弥足珍贵，形成良好的学习时间管理的观念，学会合理分配学习时间，掌握提高学习效率的方法；养成并保持良好的习惯，建立积极上进的人生观、价值观。

第1课　我适应我成功

活动背景

物竞天择，适者生存。学会适应不断变化的环境，是获取成功的前提和基础，动物如此，人亦如此。自信、乐观、面对挫折不退缩，是中职生良好心理适应能力的标志。由于中职生面临来自学校、家庭、社会各方面的压力，其心理适应的问题主要集中在不能适应新的环境，不能很好地处理与同学、老师、家长的关系上。通过本节活动课，让同学们学会改变自己固有的思维模式，学会自我调适，提高自己的心理适应能力。

活动目标

1. 懂得适应的意义，掌握适应新环境的原则和方法。
2. 通过活动客观地认识自我，学会自我调适，为自己在变化的环境中定向、定位。
3. 调整心态，保持良好的心理适应能力。

活动准备

1. 学生分为若干组，每组4～6人。
2. 学生准备：A4纸，笔。
3. 教师准备：相对宽敞的活动场地。

活动过程

一、团体热身

（一）热身游戏

心口不一

全班同学每2人一组，一问一答。每位同学分别连续回答6个问题，但必须改变固有思维模式，适应新的答题规则：摇头Yes、点头No。即嘴里回答“Yes”时，头的动作是摇头；回答“No”的同时要点头。

参考问题：

你的名字叫××（对方名字）吗？

你的性别是男（女）的吗？

作为同桌，你很讨厌我，是吗？

你非常喜欢我们的班主任老师，是吗？

太阳每天都是东升西落，对不对？

月有阴晴圆缺，对不对？

你喜欢穿裙子，是不是？

指导建议：提出的问题可以随机确定，原则上要选简单易答的常识性话题。提问的速度要快，不给答题者过多的思考时间，要求语言与动作同步。

（二）讨论分享

对于新规则，你能迅速适应吗？你在活动中最深刻的体会是什么？

活动指导：生活中总有很多令人不适应的新环境、新挑战，会给我们带来烦恼和困惑，今天和同学们一起来讨论如何才能更好地适应环境。

二、主题活动

（一）情景呈现

我想有个“家”

1. 参与者每3人为一组，2人双手举起对撑，搭成一个“家”，另一个人扮作“小动物”，蹲在“家”里。另外安排2个同学扮演无家可归的“小动物”，充当竞争者的角色。

2. 根据主持人的口令进行活动，如：

“动物搬家”——“小动物”调换到其他的“家”；

“森林大火”——“小动物”和“家”全都分开，重新建“家”，“小动物”重新找寻新“家”；

“重建家园”——搭建“家”的两个人分开，寻找新的伙伴，为“小动物”重建家园。

3. 主持人在适当时机也可参与其中，拯救多次找不到“家”的成员。

（二）讨论分享

1. 当口令变化时，找不到“家”的“小动物”有什么感受？

2. 在活动中你遇到了哪些意想不到的状况？你是如何迅速调整自己的？

3. 每次都能找到“家”的同学，总结一下成功的心得。

指导建议：指导者要关注多次找不到“家”的成员，可以请他们交流找不到“家”的原因及心理感受。同时要关注活动中的特殊状况，如一个“家”住两只小动物的情形。虽然游戏规则中要求是一个“家”中住一只“小动物”，但出现这种情形应该肯定，欣赏这种突破规则、拓展思路的态度。

小贴士：当你处于一个陌生的环境时，就像一只离开了“家”的“小动物”，必须去寻找一个新“家”。你必须学会在没有任何人帮助的情况下，依靠个人的力量尽快适应新环境，找到可遮风避雨的心灵之“家”。这对任何人都是一个考验，要做到这一点是十分不容易的，所以我们要尽快学会适应环境。

三、总结提升

（一）你说我说

1. 请同学们梳理自己在学校生活中的心理适应状况，可参考下表，打出具体分数（各项按适应程度给出1～5分，分数越高代表适应程度越高）。这样可以横向比较得出自己在哪个方面适应得较慢，以便有针对性地采取适当措施加以调整。

环境适应			生活适应			学习适应			心理适应		
校园环境	学习环境	人际环境	饮食习惯	居住条件	作息制度	听课作业	学习方法	复习考试	情绪调整	兴趣交往	意志毅力

2. 在变化着的环境中，每个人都会有不适应的困惑，请你说说你是怎样面对和调整这种不适应感的。

讨论分享：全体同学6～8人一组，发给各组组长纸和笔，各组同学分别列举在学校遇到的困惑，互相交流与讨论克服不适应感的有效方法，并做好记录。然后各组派代表向全班展示成果。

适应环境的积极心理品质有：目标明确、服从规则、果敢主动、清醒机智、全力以赴、不找借口、锲而不舍、不断学习……

克服不适应感的有效方法有：认同学校，积极适应；接纳同学，融洽关系；主动学习，减少依赖；学会求助，摆脱困境……

3. 整理思绪：我在哪些方面存在不适应感？克服不适应的方法是：

____。

（二）总结激励

当阳光从天上照下来的时候，总会有照不到的地方。如果你的眼睛只盯在黑暗处，抱怨黑暗，那是最不明智的选择。我们改变不了事情就改变对这个事情的态度，事情本身不重要，重要的是人对这个事情的态度。不能改变环境就适应环境，不能改变别人就改变自己。

时间是最好的老师，它慢慢教会我们适应一切环境。希望同学们平衡自己的心态，尽快学会适应各种环境。在杂乱中保持一份清静，在黑夜里点燃一盏明灯。莫管他人如何，首先要做好自己的事。这是你唯一能做的，也是你唯一能做到的，更是你唯一能做好的。

四、课后拓展

推荐阅读：《你无法改变环境时改变自己》

本书从人生、工作、生活、改变、成功的角度，通过诸多成功者的案例，告诉我们如何迅速适应环境，在不断变化的环境中把控自己，激发自身的潜能，提升自身的实力，从而使我们拥有美好的人生。“命不可改，但运可以变”“别人不变，你可以变”“不求较劲，但求较真”“顺势而变，不断修炼”“求思创新，功到垂成”，这些鲜明有力的观点引人深思、促人进步。

活动案例

学会适应新环境

对于新规则、新环境，很多人不能迅速适应，大家可能不同程度地体验过不适应新事物时的困难与痛苦。那么什么是适应？适应能力都包括哪些？我们一起看看心理学上的解释：适应是指有机体想要满足自己的需求，而与环境发生调和作用的过程。社会适应能力就是指社交能力、处事能力、人际关系处理能力等。适应能力其实就是改变自己、自我调节的过程。

小叶同学是中职学校的一年级新生，家中独女，性格安静、内向，话不多，笑容也不多，可是请假的次数最多。这不，刚返校第二天又来请假，说不舒服想回家，到学校医务室也没查出什么问题。但她却坚持让家长来把她接回去，无论问什么都只回答一句“我就是想回家”，神情疲惫而无奈，情绪沮丧而焦虑。说话时眼睛不敢与人对视，不停地搓衣角。在我们接触的学生中，像小叶这样的新同学有很多，刚到一个新环境以及第一次住宿舍，这使得被过度呵护、没有离开过家的孩子产生了严重的不适应感，一心想要躲开陌生的环境，回到熟悉的生活中。那么，我们该如何帮助像小叶这样的新同学尽快适应新环境呢？

首先，正确认知适应。人们对环境的适应，大体上有两种：一种是消极适应，其结果是环境束缚了人，而人未发挥自己对于环境的主观能动作用。另一种是积极适应，其结果是人在陌生环境中增强了个体的主动性、积极性，使自身得到很大发展。所以，进入新的环境我们首先要做的就是积极主动地融入环境，对不能改变的一定要学会接受、悦纳。

其次，践行积极适应。第一，明确阶段目标，学会自主学习。不但要学会专业知识和技能，而且要目标坚定，遇事不找借口，不达目的绝不罢休，把应做的事情做到最好，增强自主性、强化责任感。第二，学会处理问题。在新环境中要有独立的生活管理能力和处理问题的能力，不断积累做事情的经验，使自己逐步成熟起来。第三，学会与人相处。作为新生，在新环境中要抱着“和而不同”的观念，积极接纳老师、同学与自己不同的处事习惯和教学方式，在相互沟通与分享中促进自我和他人的关系融合。

最后，摒弃消极适应。有的同学认为，新的学校环境不好，老师也不如初中的好，想融入班集体，又看不惯周围同学，既不接纳别人，又不想改变自己。这是非常消极被动的，非常不利于同学们融入新的生活学习环境，也不利于与老师、同学维系良好的人际关系，进而影响个人的成长与发展。

思考题

1. 你在新学校入学时能很快适应吗？遇到了哪些挑战？你是如何调整自己去适应新环境的？

2. 什么是积极适应？你能列举几种积极适应的对策吗？

第 2 课　唤醒学习内动力

活动背景

学习动机是推动学习主体进行学习活动的内在动力。部分同学在学习上存在畏难情绪，把学习看作“苦差事”。究其原因，主要是因为没有强烈的学习动机，缺少发自内心的学习欲望。本课旨在通过团体活动帮助大家剖析自己的学习动机状况，唤醒学习内动力，激发更高的学习热情，变“要我学”为“我要学”，改善学习的效果，收获成功的喜悦。

活动目标

1. 认识学习动机的重要性。
2. 了解自己的学习动机状况。
3. 正确认识、对待学习，反思、改变不合理的学习动机，建立积极稳定的学习动机。

活动准备

1. 学生分为 4 个组。
2. 学生准备：A4 纸，笔。
3. 教师准备：8 个装有任务条的气球，指导排练情景剧《为谁而玩》。

活动过程

一、团体热身

（一）热身游戏

大　冒　险

1. 所有同学分成 4 组，每个小组约 10 人。

2. 将 8 个气球置于教室不同高度的位置，气球内装有不同的任务条，在气球上写出完成任务所得的分值，任务可以是文化知识、音乐、常识和历史等，例如：

对同宿舍的某位同学真诚地说一句“你很棒，我们都喜欢你”。

做一个大家都满意的鬼脸。

左手拉右耳，右手拉左耳，从桌子底下钻过。

唱一首歌，直到大家都鼓掌。

说出京杭大运河途经的中国五大水系。

……

3. 将气球按任务的难易程度置于教室不同高度，任务越难、位置越高、分值越大，分为1、2、3、4几个不同的分值等级，小组成员应不借用任何工具把气球取下来，为完成任务。

4. 完成任务者得分，否则扣除相应分值，每个小组基础分为10分。

指导建议：根据分值放置相应难度的任务条，任务不宜复杂。在整个热身活动中，注意引导学生体验经历“选择”“完成”“得分”三个不同环节时的感受，尤其关注在选择最难和最易两种任务时的心理。

（二）讨论分享

1. 在这个游戏中，你的感觉如何？

____

2. 你是怎样选择任务的？你们小组的任务完成得如何？

____

引导思考：每一件看似无所谓或者有难度的事情，当你选择了它，并有想完成它的决心时，你就会更加认真地对待，并激发自己所有的潜能、克服一切困难去达到目的。通过这个活动你是否体会到了动机和成就的关系？

二、主题活动

（一）情景呈现

为谁而玩

情景一：一群调皮的孩子在一位老人家门前嬉闹，叫声连天。

老人：唉，这么多天过去了，还是这么吵，真是让人难以忍受啊！怎么说他们都不听，看来得想个更好的办法让他们换个地方去玩耍。（略沉思，转身从柜子里拿出一些糖果）

老人：（走出家门，微笑）孩子们，因为你们在这里玩耍，让这儿变得很热闹，我觉得自己年轻了不少呢，我分给每个人10颗糖果以表达对你们的谢意。（分给每个孩子10颗糖果）

孩子们：（惊喜）谢谢您，明天我们会再来的！（摆摆手兴高采烈地离开，商定明天一定再来）

情景二：第二天，孩子们如约而至，一如既往地嬉闹。

老人：（再出来，依旧微笑）孩子们，谢谢你们又来了，不过……不好意思啊，我没有太多的糖果了，今天只能给每个人5颗糖果了。（从兜里掏出糖果分给孩子们）

孩子甲：（召集大家围成一圈，低声讨论）5颗糖果，比昨天少好多呢。

孩子乙：就是，整整少了一半呢。

孩子丙：我觉得还可以吧，之前都没有给过呢。

众孩子：（点点头）也是，算了，5颗就5颗吧。

众孩子：（转过身面对老人）谢谢爷爷。（兴高采烈地离开）

情景三：第三天，孩子们依旧来了，只不过不再专心地玩耍，早早地开始朝着老人家门口张望。

老人：（非常开心）哈哈，你们终于来啦，我真开心。不过……我实在没有糖果给你们啦，1人1颗表达对你们的谢意吧。（掏出糖果分给孩子们）

孩子甲：（勃然大怒）一天才1颗糖果，知不知道我们多辛苦！

孩子乙：（非常不满）就是，我们花费这么大力气在这里为你玩，报酬却越来越少了！

众孩子：就是，就是！

孩子丙：我们以后再也不会为你玩了。

众孩子：对，我们以后再也不来这里玩了！（气愤地离开）

老人：（望着孩子们离开，微笑）这回终于得到安宁啦。

（二）讨论分享

1. 孩子们到底为谁而玩？

____

2. 老人是利用孩子们什么心理达到了自己的目的？为什么能够成功？

____

3. 从这个故事中你得到了什么启示？

____

4. 你经历过类似的事情吗？

____

小贴士：在生活中我们常常因为别人的评价或者遇到的困难而渐渐迷失方向，忘记了一开始为什么要做这件事情，距目的地越走越远，然后这件事就渐渐地变了味道，由“新鲜有趣”变得“索然无味”，由“挑战自我”变成“完成任务”。其实，事情并没有我们想象的那样困难，快乐也并非遥不可及，无论在什么时候，只要你清醒地知道——我为什么要这样做，就不会被坎坷所阻拦、被幻景所迷惑。

三、总结提升

小时候，我们对所有的事情都充满了好奇，为了自己的快乐我们学得兴高采烈，我们不让大人抱，要自己走；我们不让妈妈喂饭，自己抢着往嘴里送……我们从呱呱坠地到即将成人学会了很多本领。现在，我们能够独立思考，有了自己的思想，但学习起来却不像小时候那样快乐了。怎么扭转这种糟糕的状况呢？

（一）你说我说

问题一：我们到底为什么而学呢？

请同学们根据自己的想法，按照重要程度排序，最重要的在上面，依次写在有阶梯形线条的白纸上。

综合学生所写，教师将其排列成阶梯状。例如：

1. 想提高学习成绩——分数
2. 想改变自己的命运——命运
3. 想得到老师和家长的表扬——赞美
4. 想自己独立承担一些事情——能力
5. 想帮助更多的人——充实

6. 想使自己的心情变得更好——快乐
7. 想拿全国技能大赛冠军——荣誉
8. 想以后有很多的钱——富有
9. 想长大后做一番大事业——成就

……

交流分享：谈一谈自己现阶段的想法定位在哪个层次。

问题二：哪些因素决定我们的学习动机？

由于学习活动是由一定的学习动机所引起的，而学习动机是直接推动和维持我们学习进程的主动因素。那么影响你学习动机的因素有哪些呢？

交流分享：同学们可以从家庭、学校、班级、教师、个人以及社会几个方面研讨。

问题三：激发和培养学习动机的方法有哪些？

通过分析影响动机的因素，你是否感觉到产生内在学习动机的最重要因素在于内在的心理因素（需求、求知欲、兴趣等），是学习活动本身使我们感到满足，而不是考试加外力促使我们学习的呢？所以，我们一定不要与“要我学”的外部动机较劲甚至产生逆反心理，而是想方设法调动“我要学”的内部动力，从而产生持久学习的力量。那么，激发和培养学习动机的方法有哪些？

方法1：________________

方法2：________________

方法3：________________

方法4：________________

讨论分享：可以从明确学习目标中认识学习的意义、培养学习兴趣、设置学习榜样、优化心理因素等方面研讨。

（二）总结激励

学习动机是推动学习主体进行学习活动的内部原因或内在动力，有什么样的需要，就产生相应的动机。动机带来行动，行动产生结果。

我们要实现自己的理想，所以我要学。因为是“我要学”而不是别人“要我学”，所以面对挫折、失败和压力，就会想方设法去超越。“我要学”产生的结果就是：始终保持积极、稳定、良好的动机，像我们的热身游戏一样，有竞争、有合作，紧张刺激却很愉快。

四、课后拓展

对于我们来说，掌握专业技能、提升职业素养是必修的功课。那么，从学习的专业来看，都需要掌握哪些专业技能？需要培养自己哪些方面的素养？请列在下面。

技能1：________________

技能2：________________

技能3：________________

技能4：________________

我认为还需要具备的职业素养有：________________

____

小贴士：如果树立了自己的职业理想，就要为实现职业理想做相应努力。农民要琢磨提高粮食产量，商贩要把握商机，能工巧匠要制作精美器具，艺人要熟练表演技艺。学生要做的就是为了梦想，为了实现自我人生价值，为了想要得到的一切而努力学习，这就是我们的学习动机。

活动案例

判若两人的卓玛

学习动机是直接推动学生进行学习的一种内部动力，是激励和指引学生进行学习的一种因素。学习动机分为内部动机和外部动机：内部动机是由学习兴趣、求知欲等引起的，取决于学生内部的需求；外部动机是由外部刺激引起的。例如，某些学生为了得到教师或父母的奖励或避免受到教师或父母的惩罚而努力学习，他们从事学习活动的动机不在于学习任务本身，而是在学习活动之外。如果我们能将这种外部动机作用逐步转化成为内部动机作用，学习的积极主动性就会被大大激发，从而就会把“要我学”转变为“我要学”。

卓玛，一个聪明伶俐、能歌善舞的中职班学生，可她每次考试成绩却总是倒数。班主任多次和她交流，发现她对专业老师教学颇有微词，对周围人际关系的看法大多也很消极。她内心深处却又极其好强，想要出人头地，证明给人看。原因是她生活在一个缺少爱和不被重视的家庭环境中，家里所有亲戚朋友包括父母一直以来都拿她和比大她一岁的表姐比，所有人都认为她是一个学习差、品行差的“坏孩子”。再加上父母关系冷淡，缺乏家庭关爱，她越来越没有前行的动力了。课堂上，她与舞蹈老师怒目而视，与声乐老师大声顶撞；宿舍里，她与周边同学关系紧张，甚至闹到要调换宿舍。

那么，班主任要如何帮助卓玛，让她重树信心、激发她强烈的学习动机的呢？

首先，保护她“好强”的积极心理动机，并对其进行积极的正面引导。

其次，帮助她树立新的学习目标，摆正人生方向，并找出实现目标的途径和办法。

最后，优化其心理因素，号召全班同学一起赋予她“爱”，填补她生命中的空缺，从而帮助她重新认识自己和他人，把她内心的需要、愿望、兴趣、理想、信念、责任等转化为她的学习动机，成为她学习的内部动力。

卓玛在被“关注”中终于重树了自信心，内心原动力被点燃。沉睡的生命一经唤醒，就喷涌而出，蓬勃向上。经过一年的努力，她的学习成绩一跃成为班级第二名！

我们发现，卓玛判若两人的秘密，就是她的学习内动力被激发唤醒了。

思考题

1. 生活中，你关注过自己的生命内动力状态吗？请剖析自己的学习是“主动学”还是“被动学”。

---

2. 为自己做一个综合分析和规划，找准理想目标，发掘个人潜力，让自己的生命之光精彩绽放。

第3课 技能在于积累

活动背景

在功夫界，有这样一句话：功夫是什么？就是时间。对于中职学校的学生来说，想要学习好专业知识，拥有一项技能，就要从“蹲好每一个马步”开始，全心全意地投入，反复练习，积累经验，才能完成量变到质变的飞跃。当今社会信息量剧增且传播速度快，部分学生受到追逐快速成效的价值观影响，希望获得名声与掌声，却不愿意踏踏实实地练习技能，学习上缺乏毅力，不愿坚持。本课旨在通过活动让大家感悟专业技能的学习不是一蹴而就的，靠的是日积月累，靠的是精益求精的工匠精神。

活动目标

1. 通过活动及案例分析，让学生认识到积累的重要性。

2. 专注于自身能力的积累与成长，在学习中反复实践，打好坚实基础，体验坚持带来的成就感。

3. 挖掘自身潜能，培养学生稳扎稳打、脚踏实地的能力，树立点滴积累的意识和精益求精的工匠精神。

活动准备

1. 学生分为若干组。
2. 学生准备：A4纸，笔。
3. 教师准备：塑料棒，塑料环，幻灯片。

活动过程

一、团体热身

（一）热身游戏

运输塑料环

根据人数平均分组，各组成员按顺序站好，每人嘴里叼一个塑料棒，每组第一个人在棒上放个塑料环。在比赛过程中，每个人的手都不能接触到棒和环，只能用嘴里叼的塑料棒传递塑料环，直到传到最后一个人的棒上，游戏结束。传输最快的队获胜。如果塑料环中途掉下来，从第一个人处重新开始。

指导建议：可以留一部分人作为啦啦队，活跃气氛，同时仔细观察队员的各种反应。

（二）讨论分享

1. 游戏中，全队专心一致的做法会对结果有什么帮助？

____

2. 冠军队展现了什么样的特质？

____

3. 通过这个热身游戏，你的感受是：

____

二、主题活动

（一）情景呈现

荷叶长满塘

每一张纸上画 64 个格子，假设每个小格子代表一片荷叶，这张纸代表一片池塘。春天来了，池塘里的莲藕发芽了，第一天池塘里只有 1 片荷叶，第二天有 2 片荷叶，第三天有 4 片荷叶，第四天有 8 片荷叶，第五天有 16 片荷叶……以此类推，荷叶每天以成倍的速度增长，就像细胞分裂一般。直到某一天，池塘里长满了荷叶。

算一算：如果这个池塘长到 32 片荷叶需要多少天？长到 64 片荷叶需要多少天？

选一选：荷叶长满整个池塘的前一天，池塘里会有多少荷叶（荷叶的面积占池塘面积的几分之几）？

A. 荷叶接近长满整个池塘　　B. 荷叶长满了多半个池塘

C. 荷叶正好长满一半池塘　　D. 荷叶长满了少半个池塘

想一想：假如长满池塘需要 256 片荷叶，长满整个池塘的前一天池塘里又有多少片荷叶？请你验证一下。

（二）讨论分享

1. 随着时间的推移，荷叶长满池塘的速度也越来越快。此时，你的感受怎样？

____

2. 这个游戏对你目前的学习与生活有哪些启发？

____

（三）教师总结

这个现象就是经济学上著名的“荷塘效应”，其大意是：假设一个池塘全部长满荷叶需要 30 天，而荷叶的生长速度是每天翻一倍，那么在第 29 天荷叶覆盖池塘的面积为池塘总面积的一半。也就是说，只要再坚持一天，荷叶便能布满整个池塘。

很多人觉得池塘里的荷叶是一夜之间长出来的，美不胜收，其实之前的每一天都是必不可少的积累与铺垫。学习也是一样，知识是个积累的过程，只要坚持下来，超过某个“临界点”，某一天终会豁然开朗，发现前方不一样的风景。

小贴士：竹子与荷花具有相同的品质，储备和积累一样重要。竹子用了4年的时间，仅仅长了3厘米。从第5年开始，却以每天30厘米的速度疯狂地生长，仅仅一个多月的时间，就长到了十几米。其实，在前面的4年，竹子将根在土壤里延伸了十多米。做人做事亦是如此。不要担心你此时此刻的付出得不到回报，因为这些付出都是为了“扎根”。人生需要储备，人生拼到最后，不是运气和聪明，而是毅力和坚持。

三、总结提升

（一）案例分析

张喜江：数控机床上的闪亮坐标

张喜江是石家庄装备制造学校的一名实习指导教师。从事职业教育十几年，他始终奋斗在教学一线。为了培养出最优秀的学生，他不断地学习，掌握最先进的技能，以适应职业教育的高速发展，用自己的行动诠释了“工匠精神”。

“你流过的每一滴汗水，都会成为你破茧而出时的勋章！”他常常用这句话和学生们分享自己的成长故事。张喜江老师多年的坚守，改变了许多孩子的人生轨迹，他辅导培养的学生在国家级技能竞赛中多次获奖。这些曾经的职教学子，如今都已成长为各行业的技术骨干，服务于国家建设事业。张喜江老师也连续多次被河北省教育厅、河北省人社厅评为“河北省技能竞赛优秀指导教师”。

张喜江曾在拖拉机厂机电中心工作多年。当时CAM软件对于大多数人来说是一个难题，因为学习这个软件的唯一资料是一本300多页全英文的说明书。他借来中英文词典，结合自己的工作经验，逐字逐句翻译，理解后上机操作，遇到想不通的问题就向厂里的高级工程师请教。那一年，厂里选拔出20名老职工，组织学习CAM软件，张喜江不在被选之列。但每次上课，他都主动去旁听。最终，其他人都没能坚持下来，只剩下他自己。他把学到的软件中有关造型、编程技术与工作中的工艺加工经验有机结合，在数控加工技术上又有了提高。2002年，瑞典一家企业要加工一种“粉碎机刀座”，该产品需要在五轴加工中心机床上才能完成，加工成本非常高，瑞典客户找了多家企业均无法完成。张喜江在进行合理的工艺分析后，利用CAM软件对此零件进行造型、编程、工装设计，仅用两天的时间就完成了加工任务，零件的加工精度和效率都很高，让瑞典客户竖起了大拇指。

张喜江凭借执着的钻研精神，很快成长为技术骨干，返校任教后他以精益求精、追求卓越的工匠精神，潜心教学，培养出许许多多专业技术能手。2018年，“张喜江技能工作室”被评为“国家级技能大师工作室”。

张喜江由石家庄市职业技术教育中心（石家庄装备制造学校）的优秀毕业生成长为我们身边的大国工匠的事迹，淋漓尽致地展现了严谨务实、脚踏实地的内在力量，同时也展现出了愚公移山一样的精神，不受外界干扰，全心全意投入，执着奋斗的实践历程。

1. 积累在张喜江成功的过程中有什么意义？从中你受到了什么启发？

2. 积累对技能的提升有很大帮助。随着年龄的增长、阅历的丰富，我们会拥有更多的技能，也能精进已掌握的技能。请你与大家分享一个通过积累提升了技能并获得小成功的经历。

____

3. 你认为现阶段自己最该积累或者磨炼精进的技能是什么？

____

小贴士：日积月累获得的能力会使自己的竞争力变得更强大，会赢得尊重和敬意，会使自己的信心更加坚定。坚持与执着可以证明自己的能力，也可以为人生增加更多砝码。技能的获得离不开像螺丝钉一样的钻研精神，离不开持之以恒的积累，也离不开精益求精的一颗匠心。

（二）参与实践

结合自己所学专业，开展一次技能积累实践活动，充分体验在实践中积累专业技能的感觉。

1. 调查：以小组为单位，参观与专业相关的企业单位，了解真实的工作环境。
2. 参与：与同伴们一起确定需要练习的基础能力并制订一个练习计划。
3. 交流：同学们畅所欲言，交流实践中通过积累精进了哪些技能。
4. 总结：每位同学写出一份总结报告，反思自己在活动中的收获和感悟。

我的专业实践感悟

时间：____

单位：____

项目：____

同伴：____

我的专业实践收获：____

____

____

（三）总结激励

知识需要积累沉淀，成功需要厚积薄发。就像竹林里的竹子，4年的扎根积累，才换来之后的迅猛生长。“世界越快，心越慢！”我们每一个人都要静下心来，稳扎稳打，脚踏实地，以愚公移山的精神，发动来自内在的毅力，不受外界干扰，全心全意投入，终会有修成正果的一天。

四、课后拓展

同学们，每天的学习看似事小，但千万不要轻易地放弃自己的目标，而要去寻找自己哪项技能还不够硬，找到方法去提高它。“坚持不懈，积少成多”。用这8个字去对待自己的学习、生活、工作，相信你定会体验到什么是成功。给大家推荐几本书：《匠人精神》《荣格的生活与工作》《把时间当作朋友》。

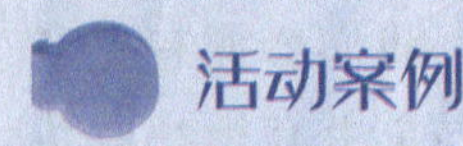

活动案例

机会总是留给坚持不懈的人

积累，是指事物为了将来发展的需要，逐渐聚集起有用的东西，使之慢慢增长、完善。积累可以作动词或名词，常与知识、经验、工作搭配。随着社会的发展，受到追逐快速成效的大环境影响，人们一味讲求速效，坚持与执着显得尤为珍贵。只有一流的心性，才能练就一流的技术，才能更好地立足社会。

小敏从小就有两个梦想，一是当老师，二是当主持人。为了减轻家里的负担，她选择了学前教育专业。这个专业有幼儿英语、舞蹈、声乐、钢琴、手工等课程。为了学好这些课程，她上课专心听讲、记笔记，下课认真完成作业，勤加练习，并主动向老师请教技能学习的方法和技巧。她深知“纸上得来终觉浅，绝知此事要躬行”。为了能把钢琴和舞蹈学好，她经常利用自由活动时间到琴房或舞蹈房加强练习，还利用假期到幼儿园里当义工。临毕业那年，小敏在省幼儿教师专业大赛中获得了舞蹈创编一等奖。

毕业后小敏继续深造，取得了大专学历。有一天，在网站上看到一条招聘娱乐主持人的信息，她觉得这份工作挺适合自己，便投了一份简历。来应聘的有几十个人，而且有的是本科生，甚至有的是研究生。小敏勇敢地走进面试厅，简短地自我介绍后，考官开始提问了：“你的专业是学前教育，为什么要选择当主持人呢？”“我热爱我的专业，也同样喜欢主持人的工作，我平时积累了足够多的关于主持的知识和经验，而且多次主持过各类大型活动，相信一定能成为一名优秀的娱乐节目主持人。”在考官的要求下，她跳了一段现代舞，唱了一首流行歌曲，之后谈论了自己对媒体行业的看法。之后她去试了镜，很成功，万万没想到自己能竞争过本科生、研究生而被录取了！

通过多年的学习和实践，小敏总结出：积累不同于本能行为，它是在不断学习、练习的基础上后天习得的。练就一身技能，不仅要掌握程序性的知识，还要通过实际操作获得认知体验，并且要通过有意识地反复练习才能拥有。所谓“冬练三九，夏练三伏”“台上一分钟，台下十年功”说的就是练习技能的坚韧和拼搏精神。机会总是留给有准备的人的，只有不断积累、练好技能，才能抓住机会大展身手。

思考题

1. 通过阅读活动案例，我们发现日积月累的学习非常重要，你是怎么想的？

____

2. 针对自己的专业谈一谈你的专业技能应该如何积累？你觉得应该怎样精益求精呢？

____

第 4 课　优化学习时间

活动背景

希望学习成绩被认可，希望在有效的时间里取得最大的成功，是我们每个人的共同愿望。但是，学习压力较大，学习状态不稳定，学习缺乏规划性、灵活性，学习效率不高这些问题却时常困扰着我们。学习心理学认为，充足的学习时间是学习活动的保障，优化学习时间是提高学习效率的基础。因此，中职生应审视自己在时间利用方面存在的问题，对自主学习的时间，要学会优化安排。本课通过引导中职生体验学习时间的珍贵，主动面对自己对时间管理的不足，领会并掌握优化学习时间、提高学习效率的方法。

活动目标

1. 体验学习时间的弥足珍贵，消除对学习的抱怨。

2. 能分析自己对时间的利用情况，学会优化学习时间，采用不同方式提高学习效率。掌握提高学习效率的方法，改善自己的学习时间结构。

3. 对自己负责，形成良好的时间管理观念。以放松的心态面对学习，消除抵触学习的情绪。

活动准备

1. 学生分为若干组，每组 4 ～ 6 人。

2. 学生准备：A4 纸，笔。

3. 教师准备：幻灯片，绿色水彩笔，时光格（每人一份），画有半径为 5 厘米圆的 32 开白纸（每人一份）。

活动过程

一、团体热身

（一）热身游戏

日 月 穿 梭

1. 游戏规则：按主持人的要求撕掉对应部分，代表相应量的时光消逝。

2. 游戏过程

（1）发给每个同学相同的两张画好时光格的纸。时光格有 3 行 12 列，代表中职生在学校度过的3年时间。每格代表1个月，共计36个月。

月	月	月	月	月	月	月	月	月	月	月	月
月	月	月	月	月	月	月	月	月	月	月	月
月	月	月	月	月	月	月	月	月	月	月	月

（2）首先，我们撕去每年中的寒暑假时间，大约3个月，即撕去3×3格。

（3）再撕去周末和节日，大家计算一下，也是3个月左右，再撕去3×3格。

（4）剩余的在校时间现在只有18个月。在这18个月中，我们有1/3的睡觉时间和1/6的吃饭时间，共计9个月，最后撕去9格。

（5）请问你手中的纸还剩多少个格？

（6）把剩下的9格涂上颜色，这9个月就是我们在校3年的学习时间。

（二）讨论分享

1. 时光消逝后，时光格是什么形状？

____

2. 对比手中完整的时光格，你发现了什么？

____

小贴士：时间都去哪了？之前总觉得轻松愉悦的节假日，睡觉、吃饭的时间消逝得非常快，美好的时光十分短暂，剩下努力学习的时间似乎很长，永远都有完不成的学习任务。通过比较两个时光格，我们极为惊叹和感慨。许多同学每天抱怨学业负担重，事实上，我们留给学习的时间很少。你是否有效地利用这些时间进行学习了呢？下面我们来检验一下。

二、主题活动

千里之行，始于足下。比起3年的中职生活，一日的活动情况更易于把握。现在，我们尽量详细地回忆各位同学在过去一天内的活动情况，并估算各种活动的时间量。

（一）情景呈现

每日蛋糕

每名同学分得32开白纸一张，纸上画有一个半径为5厘米的圆。主持人引导学生根据自己的实际情况，回忆并盘点过去24小时的活动及时间段。估算教师授课、自习等活动占用的时长，制作出如下的蛋糕图。

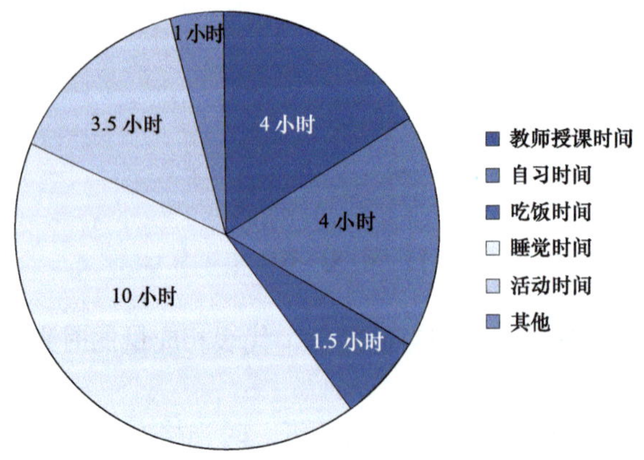

每个人想一想自己的一天是怎样度过的。同桌交换纸张，看看对方睡觉用了多少时间，把它撕去；吃饭、看电视、打球、聊天、发呆等分别用了多少时间，再把它们一一撕去。留下的扇形大小，这就是用来学习的时间。

指导建议：主持人注意提示同学们回忆具体事件情况，如何时、和谁一起、做了什么事、以什么为标志估算所用时间等。比一比，谁留给学习的时间最多。

（二）讨论分享

1. 一天中的时间，有多少是教师授课的时间？有多少是自己管理的时间？

___

2. 在自己管理的时间里，你都进行了哪些学习活动？

___

3. 你做了哪些跟学习无关的活动？把这些时间用于学习，会发生什么变化？

___

4. 你怎样评价自己的学习效率？

___

比较自己的学习时间和学习效率的变化。通过比较两个蛋糕变化，很容易发现通过优化时间“量”的结构，我们的学习时长会增加很多，学习效率也会提高。希望大家能将新的蛋糕图付诸实践。

三、总结提升

优化学习时间，我们还要对时间进行“质”的优化，借助“经验之塔”能提升学习时间的自我效能，拓展时间的宽度。

（一）经验之塔

“经验之塔”理论是由爱德加·戴尔提出的。他认为人的学习经验包括做的经验、观察的经验和抽象的经验。我们在课堂上的小组讨论、实际演练、“小小老师”活动都可称作做的经验；示范教学则是观察的经验；在传统学习中占主导的学习方式比如听讲、阅读是抽象的经验。随着时代的进步，系统化的教育不断完善发展，观察的经验慢慢形成一定规模，做的经验还在探索中。例如我们现在都有了自己的学习小组，同学和老师围聚在一起进行开放式讨论，如何在良好的学习氛围中把握时机就需要各位同学开动脑筋了。在三种经验来源中，做的经验是最具体、易学、容易消化的，因此希望同学们不要害羞，拿出实际行动，在学习小组中找到自己独特的学习模式，增强自己的团队归属感，提高自己在小组中的主动性和参与性。

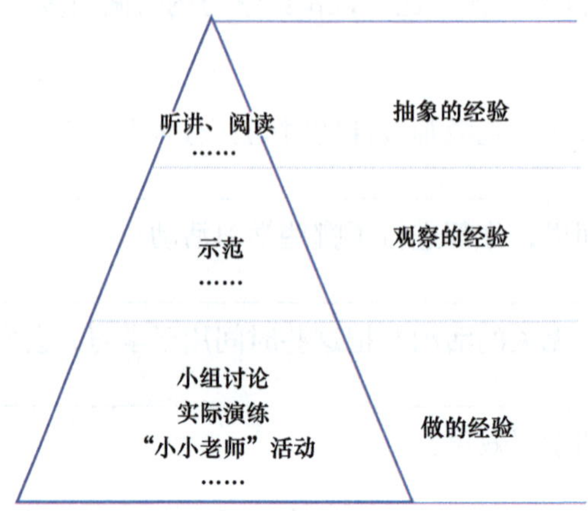

请思考：未来你如何在学习中增加“做的经验”，以提高学习效率？

____

（二）总结激励

认识学习金字塔后，我们就很容易理解在课堂上针对不同的内容，老师为什么会采取不同的教学方法，原来都是为了引导大家采用多种学习方式提高学习效率。同样，我们自主学习时，可以运用阅读、讨论、做中学、角色扮演等多种方式进行学习，改变原来效率低下的状况。

通过对三年在校时间的整理，我们已开始了珍惜学习时间的旅程。从每天的时间安排量的优化到日常学习方法的管理，只有不断探索如何充分利用学习时间、提高学习效率，才能让自己的积累更厚重，旅途更精彩。

四、课后拓展

20世纪80年代，美国人埃德加·卡恩提出“时间银行”的概念，其本质是智慧银行，会员通过为他人提供服务来储蓄时间，当自己需要帮助时，再从银行提取时间以获取他人服务。它是一种“第三方”时间管理平台，通过标记时间，采取互助合作的形式，在遵循自然法则的情况下，促使众人共享时间，延展生命。

活动案例

合理利用学习资源

时间是公平的，不管是谁，每天都拥有24个小时。你可以过得很从容，也可以把自己弄得狼狈不堪，而最明智的选择就是合理利用学习资源。

如何合理利用学习资源呢？答案是和同学、老师、家人一起学，互动学。

李强是中职一年级学生，性格内向，自尊心强，被动性和依赖性较高。各科任课老师都认为他在课堂上的主动性不足，回答问题时声音很小，从不抬头。经了解，在学习小组中他也很少与其他成员交流，只和班里的学习委员交往。入学摸底考试后，他找到班主任老师，表示自己很苦恼，常常感觉学习压力大，没有动力，焦虑失眠。他请求老师能教他一些学习方法，希望老师承诺“如果期末考试能进步5名就发‘突出进步奖’给他”。面对他的学习焦虑，班主任老师并没立刻承诺什么，而是和他分享了经验之塔的学习理论，并帮助他寻找自己的学习资源。经过探讨，老师为李强明确了他的学习资源：人际资源有同桌、学习小组、班干部、舍友、老师；时间资源有课堂学习时间、自习时间、自由活动时间；空间资源有教室、实训室、多媒体教室甚至宿舍；心理资源有善于发现自己的优点、感知觉敏感、发散思维和意志力强。之后，根据他拥有的资源商定了合理利用学习资源的周计划和月计划。

以第一周为例：

1. 在课堂小组讨论中记录其他同学的十条解题过程。
2. 在小组讨论中至少有一次让大家采纳自己的意见。
3. 在自习时间能反复观看至少三门教学微课。
4. 坚持每天记录自己完成的学习任务，并奖励给自己相应数量的踢球时间。

学习计划很好地囊括了李强各方面的学习资源，在之后的学习过程中，李强开始慢慢地独立制订自己的学习计划。经过两个月的努力，李强的学习效率和自信心都有了一定的提高。

在学习过程中，每个人都可能像李强那样。虽然有学习的欲望，却因忽略了我们的学习资源，找不到有效的学习方法。殊不知，被我们看作理所应当的学习资源恰恰是走出学习困境、提升学习效率的有效资源。每个人的学习方法和模式都不相同，但每种有效的学习方法都是建立在自己的学习资源基础之上的。学习成绩好的人、学习效率高的人还经常拓展自己的学习资源。好的学习资源能使我们事半功倍，丰富学习经验，形成良好的学习循环。

思考题

1. 你有哪些学习资源？你有哪些特别的学习资源？

____

2. 你是如何利用这些学习资源进行学习的？

____

第5课 小习惯大人生

活动背景

心理学家威廉·詹姆士说过："播下一个行动，收获一种习惯；播下一种习惯，收获一种性格；播下一种性格，收获一种命运。"当我们对一个行为或行动重复的次数多了，就形成了习惯，而习惯又可以反过来塑造出不同的你我。好的习惯，可以帮助我们取得更大的成功，而坏的习惯不仅会侵蚀我们的生活，更有可能会耽误我们的人生。每个人身上多少都有一些不良习惯，比如学习上懒惰、生活上随意等，由于对各种习惯的认知和理解不足，导致学习生活、完成任务的能力下降。其实，好的习惯可以养成，固有的习惯也可以被打破。本次活动旨在帮助大家调整认知，逐渐养成良好的习惯。

活动目标

1. 懂得养成好习惯的重要性。
2. 能客观剖析评价自己的不良习惯以及对自身的影响。
3. 逐渐养成好习惯，建立积极向上的人生观、价值观。

活动准备

1. 学生分为6个组。
2. 学生准备：A4纸，笔。
3. 教师准备：花生豆或黄豆，筷子，两个盆，秒表，雷阵图。

活动过程

一、团体热身

（一）热身游戏

左手夹豆

全班同学"1、2、3、4、5、6"一条龙报数，分成A、B、C、D、E、F共6个组（每组约5人）。

游戏规则：

1. 左手使用筷子夹豆子。（若平时用左手的，则换成右手）
2. 夹到的豆子数量最多的小组获胜。

3. 比赛时间 2 分钟。

（二）讨论分享

1. 当你用左手夹豆子时是什么感受？

______

2. 通过这个游戏，你得到了哪些启示？

______

二、主题活动

（一）情景呈现

突 破 雷 阵

游戏说明：假如同学们是一个作战小分队，行军过程中遇到雷阵，目标是排除万难通过雷阵。雷阵中有草地，可通行；有沼泽地，不可通行，进入即受伤；有雷区，进入直接阵亡。全班有 10 人通过即为成功。

游戏规则：

1. 活动时间 20 分钟。

2. 活动前，大家可以讨论，确定“指挥团队”“作战方案”，活动一旦开始，则只有“指挥官”“指挥团队”可以说话，其他人员保持静默，否则直接阵亡。

3. 指导教师规定哪些地方是雷区，哪些地方是草地，哪些地方是沼泽。

（二）讨论分享

1. 你们获胜（失败）的主要原因是什么？你觉得哪些习惯影响了胜负？

______

2. 活动中有没有习惯性的定式思维影响了你的判断？

______

活动指导：若第一次不成功，则可以尝试进行第二次活动。

小贴士：教育家曼恩曾这样说过：“习惯就仿佛是一条缆绳，我们每日为它缠上一股新索，不要多久就会变得牢不可破。”习惯的养成，并非一蹴而就，而是长期坚持的结果，能帮助自己成功的就是好习惯，阻挠自己进步的则为坏习惯。总而言之，成也习惯，败也习惯。

三、总结提升

（一）你说我说

教师指导：各组同学说说自身有哪些好习惯和坏习惯，按照它们给自己带来的影响程度进行排序。影响最大的写在最底层，依次向上，填写到“梯形量杯”中。

指导用词：好习惯如阅读习惯（勾画关键词）、简记笔记习惯（书写关键词）、归纳整理习惯（衣物、课桌、铅笔盒、实习物品）等。坏习惯如不守时、不诚信、物品乱放、丢三落四等。

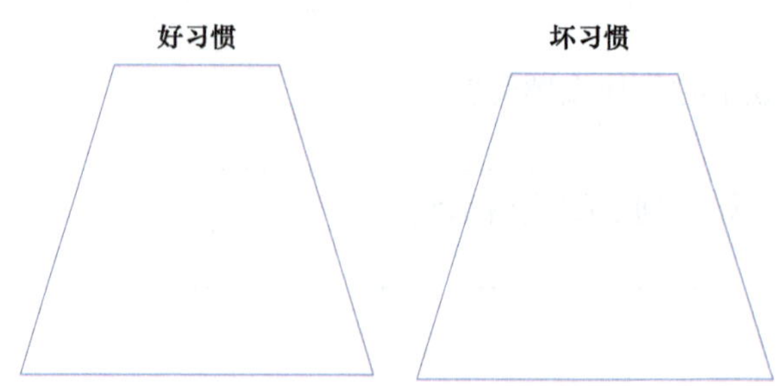

组内交流自己的感受，并将各组的“梯形量杯”粘贴到前后黑板上，方便学生间分享交流。

设计意图：通过此活动让学生重新审视自己，树立积极、稳定的学习目标和生活目标，使自己的人生更有价值和意义。

（二）总结激励

你怎样过一天，就会怎样过一生。因为人的大部分行动受习惯控制，而习惯又是一个循环的开始。那就让我们从今天开始，每天改变一点点；从现在开始，坚持养成如下好习惯：

好 习 惯	具 体 要 求	自 我 点 赞
学习方面	1. 桌面上仅放与本专业学习有关的物品，其他归置到桌斗	
	2. 看书时，左手拿书，右手拿笔，方便随时勾画或记录	
	3. 课前预习，课中听讲，课后复习，独立完成作业	
	4. 用心书写每一个字，字迹工整	
生活习惯	1. 衣橱：衣物分门别类，摆放整齐，可用置物袋或筐收纳好	
	2. 课桌：桌面清，桌斗齐；书占左，本占右；大在下，小在上；中间放工具或笔盒	
	3. 尊重他人劳动成果，不乱扔杂物、垃圾，不随地吐痰	
文明习惯	1. 见面主动问好，使用礼貌用语	
	2. 不乱接话茬，不随意打断别人说话	
	3. 学会礼让	

实际上，养成好习惯和成功改掉坏习惯的重要条件是你必须具备坚韧的品质。而坚韧本身也是一种习惯，是一种高度的自律，是一种持之以恒的决心。有了这种高度的自律，你才能养成良好习惯。贵在坚持，难在坚持，成在坚持，好习惯在坚持中养成。

四、课后拓展

推荐阅读：《每天进步一点点（学生版）》

该书告诉我们只要拥有蜗牛精神，每天进步一点点，最后，我们的人生必然前进一大步，让生命更加精彩。养成一种好习惯，需要制订一个合理的计划，然后坚持这个计划。而坚持又是一件枯燥的事情，希望同学们学习蜗牛精神，不畏艰难，不断攀登自己生命的高峰。

活动案例

好习惯伴我成长

习惯的力量是巨大的，我们的大部分行为都是受习惯支配，我们本能所做的每一件事，都是习惯使然。养成好习惯、改掉坏习惯离不开 3 个关键词：计划、决心和坚持。

小龙是 2020 年、2021 年连续两届全国职业院校技能大赛的获奖者，还曾经在人民大会堂领过奖，接受过中央电视台采访。这样一位优秀的人物，他也曾是我们中职学生中普通的一员。下面是他讲述的真实经历：

“我来自 ×× 县一个小山村，是一个地地道道的农民的儿子，初中毕业后我选择了 ×× 市职教中心数控专业。入学不久，因为我学习认真、刻苦，课堂表现主动、积极，所以当选为班级学习委员。不仅要完成自己的学习任务，我还要帮助成绩落后的同学养成好的学习习惯，这是学习委员的职责所在。我采取了这样的方法：

1. 利用课余时间帮助学习差的同学制订学习计划，教给他们预习方法，协助他们整理文化课和专业课笔记。计划是习惯养成的起点。

2. 坚定落实计划的决心。我发动小组、舍友、课代表等互助资源，采取‘一帮一’的办法监督计划落实，促使受助同学能够下定决心去实施计划。

3. 学习有时很枯燥，坚持是养成好的学习习惯的关键。我们通过开展‘用心倾听’‘与人合作’‘高效管理时间’等主题讨论，持之以恒地坚持完成每天的任务，达成计划目标。

良好的学习习惯让我们班的学习风气变得越来越浓厚，我自己也从中受益很多。我现在在武汉华中数控股份有限公司任职，从基层做起，凭着自己的坚持和努力，今年我成功组建了 20 多人的工作团队，成为区域经理，负责公司在华北地区的业务。良好的社交习惯、工作习惯让我取得了更大的成功。”

每一个成功者都有很多优秀的品质，都具备良好的生活与学习的习惯。小龙或许不是最优秀的那个，却是我们中职生的榜样！让我们从今天做起，从现在做起，培养良好的学习习惯、行为习惯、社交习惯，做一名合格的中职生，共同创造辉煌的未来！

思考题

1. 小龙同学具有哪些良好的习惯？这些习惯与他的成功有何关系？

____

2. 中职生应该具备哪些良好的学习习惯？你准备怎样培养这些好习惯？

____

活动任务

根据个人的兴趣志向，全班同学自愿结成动口小组、动脑小组和动手小组。请你主持策划并实施一次校外拓展研究活动。

活动指导

1. 小组形成后，交流探讨出最优活动方案，并选举出小组长，小组长再根据组员的特长进行具体分工。

2. 动口小组可以观摩或模拟各种锻炼口才的活动，如观摩电台主持、婚庆主持或亲身体验短途的导游活动。动脑小组可以参观展馆或企业，通过记录、拍照等手段获取第一手材料，利用班会时间在全班展示交流活动成果。动手小组可以参与各种小制作、小发明，有条件的话，还可以参加航模、机器人制作等比赛。

活动反思

____

____

____

____

第四单元　沟通与支持

单元目标

建立支持系统

我们每个人既是一个独立的个体，又是集体与社会中的一员。一个人不可能脱离他人、集体、社会的支持而单独存在，而沟通正是人与人之间、人与群体之间思想与感情传递和反馈的过程，是建立人际支持系统的有效途径。善于沟通的人懂得如何维持和改善相互关系，更好地展示自我需要、发现他人需要，最终赢得更好的人际关系，获得更多的支持与帮助。

卡耐基曾说："一个人的成功，15%靠专业知识，85%靠人际关系和处世技巧。"但是中职生的独立性和批判性思维发展很快，各种需要日益增长，在人际交往与沟通中总是存在各种各样的问题。本单元在设计中力求通过游戏、角色扮演、情境体验等活动，帮助大家用心体味、感悟如何与他人相处；如何化解矛盾；如何正确运用无声语言、用赞美的力量构建和谐的人际关系，实现与同学、朋友、师长、父母的有效沟通，建立起自己的支持系统，让我们在巨大的压力面前仍能坦然生活，在遭受打击时仍能勇敢面对。相信有了良好的人际沟通，会让我们的支持系统更加牢固，更加坚不可摧。

第1课 沟通你我他

活动背景

沟通是学问也是艺术，更是学习、共享的过程。在交流中学习彼此的优点和技巧，提高个人修养，不断完善自我；在实际生活中运用沟通技巧，努力提升自己的沟通能力，为将来人生的成功奠定基础。

在兄弟姐妹较少的家庭，尤其是独生子女家庭，孩子的沟通能力在成长过程中往往存在缺憾，在与他人交往的过程中往往容易“唯我独尊”，很难从对方的角度体察、理解他人的心理，沟通的有效性较低。因此，通过本节活动课，帮助同学们树立对沟通的正确认识以及提高沟通能力就显得尤为重要。

活动目标

1. 认识有效沟通的重要性。
2. 领悟沟通的方法。
3. 调整个人心态，逐步掌握沟通的方法和策略，提高个人修养，不断完善自我。

活动准备

1. 学生分为4个组。
2. 学生准备：A4纸，笔。
3. 教师准备：纸条，树叶形状的彩色卡纸若干，表格，歌曲《世界很小是个家庭》。

活动过程

一、团体热身

（一）热身游戏

让我悄悄告诉你

同学们依次排成两队，请每队的第一位同学同时上台来领取纸条，看完之后牢记纸条上写的内容，回到自己的位置。当听到“开始”的指令后，第一位同学悄悄地将纸条上的内容告诉第二位同学，声音要小，速度要快，不能让下一位同学听见，每人只能说一遍，然后第二位同学告诉第三位同学……依次到队尾。待两队都完成传话后，由每队队尾的同学将自己听到的话迅速写到黑板上或纸上，并大声念出所写的内容，又快又准的小组为优胜小组。

（二）讨论分享

1. 为什么同一句话经过几个人的传递就变得完全不一样了呢？怎样才能把话传递正确呢？

____

2. 你所在的小组最初要求传的内容是什么？到最后传成了什么？

____

指导建议：主持人在设计纸条内容时，只要是绕口、有趣的内容均可，此活动既强调传话的速度又强调传话的准确度。

小贴士：在人与人的交往中，如果缺乏有效的沟通，就不能准确地领会对方的意图，就容易产生误会、分歧，甚至发生矛盾。此时如果能灵活运用“沟通”这一媒介，所有的问题或许都能迎刃而解。

二、主题活动

情景呈现

我 说 你 撕

游戏过程：全班同学随机分成6个小组。请大家拿出一张长方形的纸，然后根据主持人的提示进行操作。在操作过程中第一组学生面对面，可以商量，也可以询问他人；其他几组学生背对背，不能相互商量，也不能询问他人，独立完成。

折折撕撕：把这张纸上下对折；再把它左右对折；在右上角撕掉一个等腰三角形；然后把这张纸左右对折；再上下对折；在左下角撕掉一个等腰三角形。

比比看看：

1. 做完后，同学们请展开自己的这张纸来看一下，它的形状是什么？同一小组同学的纸是什么形状？

____

2. 比较第1组与其他5组学生撕的“作品”，为什么同样的材料、同样的指令，撕出来的“作品”的形状会如此千差万别？

____

指导建议：由于课时限制，此活动是在第1组可以面对面交流沟通，其他组不能交流沟通的前提下完成的。主持人在实际操作中可以根据时间让全班做两次撕纸活动，第一次在不互相交流的情况下完成，另一次在可以交流的情况下完成，这样学生进行对比时，就能明显地发现，第二次撕纸后图形的一致性有了很大的提升。

三、总结提升

（一）心语训练场

当自己和同学、朋友、父母之间出现矛盾或冲突的时候，如何才能做到有效地沟通？请把你曾经用过的或准备用的沟通方法写在心形纸片上。在一张纸上画一棵大树，并将这些“心”贴到这棵树上。

我的有效沟通方法

主持人可以让同学们将树上的有效沟通方法大声读出来分享。活动的同时可以播放背景歌曲《世界很小是个家庭》。

（二）总结激励

利用表格介绍沟通策略：双向沟通和单向沟通。

因素	结果
时间	双向沟通比单向沟通需要更多的时间
信息和理解的准确程度	在双向沟通中，接受者对信息的理解和发送信息者的意图的准确程度大大提高
接受者和发送者的置信程度	在双向沟通中，接受者和发送者都比较相信自己对信息的理解
满意	接受者比较满意双向沟通，发送者比较满意单向沟通
噪声	由于与问题无关的信息较易进入沟通过程，双向沟通的噪声比单向沟通大得多

引导思考：在双向沟通中，双方位置不断交换，信息发送者是以协商和讨论的姿态面对接受者的，信息发出以后还需及时听取信息接受者的反馈意见。可进行多次商谈，直到双方满意为止。其优点是信息准确性较高，沟通双方有平等感和参与感，有助于建立双方的感情。

四、课后拓展

推荐阅读：《非暴力沟通》

该书讲的是马歇尔·卢森堡博士发现了一种沟通方式，依照它来交流和倾听，能够使人们心意相通、和谐相处。它借用“非暴力”一词，意思是暴力消退后，自然流露的爱。

暴力沟通给我们带来情感和精神上的创伤比肉体上的伤害更严重，更令人痛苦。而非暴力沟通恰恰相反，它能够愈合人们内心深处的隐秘伤痛，改变那些引发愤怒、沮丧、焦虑等负面情绪的思维方式，用无伤害的方式化解人际间的冲突，提倡尊重、理解、感恩等，让爱融入生活，让人与人之间建立起和谐的生命体验。

活动案例

沟通让他走出苦闷

人际交往存在于我们生活中的方方面面，而沟通则是人际交往的重要组成部分，顺畅而有效的沟通能准确地传情达意。尤其对于成长中的青少年来说，要做到在生活中与身边的人和睦相处，在学习中一帆风顺，就更要学会沟通。

李同学是某中职学校数控专业一年级的学生，原本入学成绩优异的他，在初入中职的学习生活中，由于对专业知识的不理解，无法调动学习的兴趣，再加上性格内向，不敢向老师提问，也不愿与同学相互讨论，导致成绩不断下滑。回到家后，家长也针对他的成绩进行指责批评，并没有与他一起讨论所遇到的问题和存在的困难。慢慢地，他对学习由不解到无视，最后到了厌学的地步，甚至在一次考试结束后，因与家长发生争吵而离家出走。那么，我们应该如何帮助李同学摆脱苦闷的情绪、重燃学习热情呢？

首先，分析苦闷的原因。李同学的苦恼来自于把所有问题都埋在心底，不与人交流。一方面由于李同学从未敞开心扉与老师、同学、家长沟通自己的思想，久而久之，便会造成大家对他的误解。另一方面，如果同学、老师和家长能及时了解到李同学的苦恼，主动与他交流沟通，大家的热情会让他感受到理解的满足和沟通的愉悦，也就不会出现之前的状况了。

其次，学会有效沟通。有效沟通有三个原则：第一，要求“投之以桃，报之以李”，即以自己喜欢被别人对待的方式来对待别人。若以真诚待人，别人也会同样报以友善；若以恶语相对，别人也会反唇相讥。第二，“己所不欲，勿施于人”，自己不愿意做的，就不要强加于他人。在沟通中，很多人的行为也许是没有恶意的无心之举，这样想就能更好地理解他人。第三，“己所之乐，乐施于人”，以自己喜欢的、认可的方式对待他人。如果李同学能够怀抱真诚之心，本着有效沟通的原则，以自己喜欢被对待的方式与家长沟通，表达自己的苦恼、困惑与迷茫，相信家长也会理解他成绩下滑的原因，他与家长的关系也会融洽很多，更不至于因为无法有效沟通而选择离家出走。

最后，懂得沟通无处不在。会沟通还要常沟通，不是为了沟通而沟通，而是把沟通作为一种自然而然的行为。做到这一点是很不容易的，关键是要待人真诚，还要经常性地练习，毕竟由自觉到自然是一个慢慢积累的过程。

思考题

1. 请同学们想一想曾经与家人、老师、同学或朋友之间发生的一次矛盾、冲突或摩擦。

当时的情况是：____

当时我是这样想的：____

当时我的心情：____

现在的想法：____

2. 沟通是有原则和方法的，当自己和同学、朋友、父母之间出现矛盾或冲突的时候，你会运用哪些原则进行有效沟通？总结几条有效沟通的方法。

____

____

第2课　非语言沟通的魔力

活动背景

沟通的类型十分复杂，一般分为语言沟通和非语言沟通。研究表明：当我们进行沟通交流时，语言传递的信息只占7%左右，而非语言信息所占的比例较大。因此，人们不仅仅会听你在说什么，更会通过你的表情和肢体等非语言行为接受你所表达的信息。我们正处于不断成熟和发展的特殊阶段，有着多样性的发展需求，在沟通中对于非语言沟通的效果、意义以及价值也要引起足够的重视，练就相应的技巧，进一步丰富沟通交往的经验。因此，本节课的目的在于，让同学们体验非语言沟通的含义及其带来的影响，掌握更多的非语言沟通技巧。

活动目标

1. 了解非语言沟通的含义。
2. 体验非语言沟通在人际交往中的效果和价值。
3. 掌握更多的非语言沟通小技巧，树立更为合理的沟通观念。

活动准备

1. 学生分为6个组。
2. 学生准备：A4纸，彩纸，彩笔。
3. 教师准备：幻灯片，任务卡片。

活动过程

一、团体热身

（一）热身游戏

你演我猜

主持人：今天我们来进行一场十分有趣的小游戏——“你演我猜”。在这个游戏中，不允许发出声音，要用肢体语言和表情来交流。那么，非语言的信息会给我们的交往带来什么样的影响呢？让我们带着问题一起来玩这个有趣的游戏吧！

游戏规则：限时90秒，在游戏过程中我们只能用肢体语言表达意思，不能发出声音。参赛选手也可以自己根据难度选择放弃，然后表演下一个。每组派一个代表进行表演，台下所有人均可以猜。猜对一题记一分。

备选题目：抓耳挠腮、捶胸顿足、痛哭流涕、挤眉弄眼、恍然大悟、眉飞色舞、掩耳盗铃、心心相印、唉声叹气、笑里藏刀、狼吞虎咽、左顾右盼、捧腹大笑、顶天立地。

（二）讨论分享

哪一组的表现让你感觉最默契？他们的非语言沟通有哪些可以借鉴的地方？

____

指导建议：热身游戏的设计是抛弃传统的语言沟通，关注非语言沟通。通过这样一个转变，让同学们切实体会语言沟通与非语言沟通带给人们的不同感受，体验非语言沟通的魅力。在游戏中注意保持秩序，热闹而不喧哗，充分调动学生的积极性。

二、主题活动

（一）情景呈现

角色扮演：谁是我的好拍档？

主持人：接下来请同学们来进行一场有趣的角色扮演小游戏，让我们通过角色扮演来亲身体会一下非言语沟通在日常生活中所起到的重要作用，接下来请同学们认真感受。

游戏规则：

1. 在班级内同学们自愿组队，分为若干小组。由主持人随机抽取两个小组为任务组，剩余小组为观察组，并将写有任务的卡片发放给各组组长。在安排任务过程中注意保密，不能将卡片内容泄露。

2. 拿到任务卡片的同学请根据卡片内容进行准备。

3. 请抽到表演任务以及反馈任务的小组，根据任务内容，组队到前面进行表演。

指导建议：自愿组队，各小组成员不超过10名。以班内40名同学为例，如最终组成4个小组，经过主持人的随机抽取，两组为任务组，两组为反馈组（即任务1组、任务2组、反馈1组、反馈2组）。当任务1组开始表演任务时，反馈1组要及时给予反馈；当任务2组开始表演任务时，反馈2组要及时给予反馈，即两两进行组队表演。

具体内容安排如下：

表演任务一：任务1组的同学作为倾诉者，告诉反馈1组的拍档要向其讲述一件近期内让自己开心的事，也可以向其讲述笑话，然后开始表演。

表演任务二：任务2组的同学作为倾诉者，告诉反馈2组的拍档要向其讲述一件近期内让自己烦恼的事，然后开始表演。

反馈任务一：反馈1组的同学在你的拍档向你表演时，无论他在表达什么，你都要表现得漠不关心，可以侧身坐在椅子上或双手抱在胸前，跷起二郎腿眼睛斜视着自己的拍档，面无表情；并且在他讲述期间还要不时地东张西望、玩手机，做些不相干的动作。

反馈任务二：反馈2组的同学在你的拍档向你讲述他的烦恼时，要全身心地倾听、无条件地关注，并时不时向他微笑、点头以配合表演；并且眼睛要时刻关注倾诉者，不能走神或看向别处。

指导建议：任务组和反馈组结对进行表演时，可以由各自组内指定成员为表演者或倾诉者，也可以随机抽取。

（二）讨论分享

1. 向扮演倾诉者的同学们询问感受：当看到你的拍档在你讲述时的表情和动作时，你的感受是什么？他的哪些表情和动作让你有了这样的感受？请跟大家分享一下。

____

2. 向扮演反馈者的同学们询问感受：当你的拍档在向你认真倾诉时，你认为自己所做的这些表情和动作合理吗？当你做出这些非语言的反馈时，你的拍档是什么样的反应？请分享你的感受。

____

小贴士：本次角色扮演活动的目的是让同学们通过亲身体验，感受非语言交流在生活中给自己带来的影响。积极正面的非语言交流会让我们的交流更顺畅、人际交往更和谐；反之，消极负面的肢体语言则会给人带来不良的影响，造成我们的沟通障碍。

三、总结提升

（一）你说我说

主持人根据班级的实际人数，把学生随机分为 3 ～ 5 组，每组成员不超过 10 人。向每组发放一张 A4 纸和一支笔，请大家在 5 分钟内集中精力，尽可能地拓展自己的思路，思考出以下几个问题的答案，越多越好。

1. 在日常的学习和生活中，你有哪些非语言交流的体验？

____

2. 你感觉哪些非语言交流是积极的？哪些非语言交流是消极的？

____

3. 我们应该如何正确运用非语言交流？

____

讨论分享：

由每组组长将小组成员的答案记录到纸上，组内选举一名代表，将小组讨论的结果分享给大家。

在同学进行交流分享时，请注意观察大家的非语言交流信息。请一两个代表在全班谈谈自己的感受。

（二）收获体验

请同学们评价一下自己目前非语言沟通的状况，并结合实际情况谈谈如何改善自己的非语言沟通能力。大家可以将自己认为最好的改善方案写到彩纸上并贴到指定位置，自愿分享自己的改善小策略，最后由主持人将这些有效小策略进行整理分享。

小贴士：对于同学们五花八门的答案，主持人要包容和接纳，可以引导同学们对这些改善小策略进行举例说明，跟实际生活相联系，并深刻体会非语言沟通对我们的重要意义。

（三）总结提升

非语言沟通的发生常常伴随着语言沟通，它广泛地存在于沟通的每一个环节，跟我们的日常生活有着密切的联系，却习惯性地被我们所忽视。我们每个人都自觉或不自觉地用肢体语言与别人进行着各种各样的交流沟通，表达着自己的各种情感。如何让我们的情感通过合理的形式得到宣泄和表达，是每个人的必修课。让我们从今天开始，使用积极的非语言形式，让人和人之间的沟通更顺畅、更简洁，让自己的人际交往步入良性循环，让我们的生活充满和谐、快乐和友善！

四、课后拓展

根据真人真事改编的美剧《别对我说谎》，讲述了卡尔·莱特曼博士在办理各种诈骗案件的调查中，通过对犯罪嫌疑人的脸部、身体、声音及言谈等肢体语言来发现真相。当你无意中抓挠下巴、扳动手掌、触摸鼻子或者拼命吞咽口水，他马上就知道你是否在撒谎；无论是家人、朋友还是陌生人，什么事情都无法对他隐瞒。利用课余时间，同学们可以观看此剧，感受非语言沟通的魔力。

活动案例

身体语言的秘密

如何进行高效的沟通，不仅仅限于沟通双方的语言，还包括沟通双方的声调、表情、动作等更为生动的、持续的身体语言所表达的有效信息。正确把握和理解别人的身体语言，有助于我们提高沟通的有效性，更好地掌握非语言沟通的技巧。

小优是某中职学校的二年级女生，性格活泼，爱说爱笑，乐观开朗。但不知道为什么她却总是处理不好与同伴之间的关系，明明是很努力地表现和沟通，却常常引起同学们的不满。经过跟心理老师的交谈和自我反思，小优发现自己在语言表达方面没有什么大的问题，症结出现在自己常常忽视和错误理解同伴所传达的非语言信息上。她经常自顾自地表达自己的想法，却忽视对方给自己的表情和动作反馈。比如，她很热情地在跟朋友谈论一个话题，但是对方因为某些原因，虽然语言上没说什么，却已经通过挠头、皱眉等信号表达了自己不想继续此次谈话。

那么我们在人际沟通中如何正确地接收和理解他人的非语言信息呢？

掌握身体语言的技巧，需要遵循以下原则：

1. 身体语言信息的含义，与沟通时的情景和沟通者的性格有关。在不同情景下，相同身体语言代表的含义是不尽相同的，例如：在派对上，由于声音喧嚣，如果异性之间要顺利地交流，沟通距离要离得比平常更近一些，但这并不意味着双方有深刻的感情联系。而在足够安静私密的空间里，异性近距离交流，就要另当别论。性格对身体语言也有明显的影响作用。天生开朗、外向的人与他人沟通时的身体语言更丰富、沟通距离更接近；而文静、内向的人在与他人沟通时则恰恰相反，如果她（他）此时表现得更想与你接近，可能是对你产生好感的一种表达。

2. 必须立足整体的身体语言背景来判断每一个具体信息的含义。有研究发现，各种身体语言的使用是相互呼应、相互一致、整体协调的。由于工作需要而进行交谈的异性同事与窃窃私语的情侣之间，其身体语言的状态是不同的。心理学家观察，虽然这两种情景下，人们保持的身体距离很相似，但是双方身体保持的身体角度、身体的紧张度、目光的交流和表情等都是不同的。所以我们应该依据整个身体语言的背景来判断每个具体的身体语言信号的意义。

3. 用同理心去理解他人的身体语言信息。同理心是指设身处地地对他人的情绪和情感的认知、把握与理解。一个人对待他人的同理心越强烈，越能准确地感知他人所表达出来的身体语言信息。例如，作为家长，如果能够很好地体会孩子考试失利后害怕被责骂的心理，就能够很好地理解为什么孩子总是用目光躲避自己、不愿意靠近自己的行为。

可见，身体语言的有效运用，能够帮助我们在日常生活中更好地感知和理解他人，及时有效地增强自己的非语言沟通能力，同时也可以避免错误地、片面地运用身体语言去推测别人心态的行为。

思考题

1. 在日常生活中同学之间的交流存在身体语言沟通吗？请举例说明。

____

2. 身体语言沟通有什么样的重要意义？

____

第3课 化干戈为玉帛

活动背景

每个人都是独立的生命个体，但是每个人又有亲近他人、渴望交流、得到他人认可的需求。特别是对于正在成长中的中职生来讲，都或多或少遇到过人际交往上的困惑与障碍，人际关系稍有不和谐，就会影响同学们的学习与生活质量。因此本课针对同学们在人际交往中出现的分歧、摩擦、冲突等设计了不同的活动内容，帮助同学们体验、领悟在与他人的交往中只有学会了接纳、理解、尊重、宽容，才可以对任何矛盾和争执一笑而过，化干戈为玉帛。

活动目标

1. 了解产生人际关系困惑的原因。
2. 探寻化解人际关系困惑的途径。
3. 感悟化干戈为玉帛的最佳原则。

活动准备

1. 学生分为若干组，每组 6 ～ 8 人。
2. 学生准备：无。
3. 教师准备：幻灯片，歌曲《朋友》。

活动过程

一、团体热身

（一）热身游戏

万 花 筒

游戏规则：首先所有的同学请记住以下的内容：“牵牛花 1 瓣请站好，杜鹃花 2 瓣好做伴，山茶花 3 瓣结兄弟，马兰花 4 瓣手拉手，迎春花 5 瓣力气大，茉莉花 6 瓣好亲热，水仙花 7 瓣是一家。”

播放歌曲《朋友》，全班同学可以站立在指定区域的任意位置，老师开始随机念儿歌。比如念到“山茶花”时，同学们必须迅速结成 3 人的小组；当念到“水仙花”时，要结成 7 人的小组；念到“牵牛花”时，1 个人单独站好就可以了。凡是没有能够与他人结成小组的，就会被淘汰出局，最后剩下的小组胜出。

（二）讨论分享

当你和他人成功结成小组时，你心里的感受是什么？当你孤零零一人或者被淘汰出局、没有与他人结成小组时，你心里又是什么感受？

主持人：当找到伙伴、朋友时，我们的内心是喜悦的；当失去伙伴、朋友时，我们的内心是失落的。同学们之间由于生活习惯不同、性格特点不同、兴趣爱好不同、价值观不同等，相处时难免会发生矛盾和冲突，那么我们将如何对待和解决发生的矛盾呢？希望同学们带着这个问题，进入下面的活动。

二、主题活动

（一）情景呈现

第 1 则：表演情景剧——矛盾再现

每组同学准备 5 分钟，表演一个情景剧，再现和他人之间的矛盾纠纷。要求选取在学校中发生的、自己印象最深刻的、冲突最激烈的一次事件。

活动目的：用真实案例展现同学们在日常学习生活中发生过的冲突或分歧，一步步暴露矛盾产生的原因，突出人际关系不和谐所带来的危害。

第 2 则：发挥想象力——故事接龙

请同学们一边听故事一边发挥自己的想象力，续写故事的部分内容。故事是这样的：

有两个朋友在沙漠中旅行，途中，他们因为一点儿小事吵架了，一个人还打了另外一个人一记耳光，被打的人觉得受辱，一语不发。他做了什么事情？

请同学们展开讨论，进行故事接龙。

故事的答案是他在沙子上写道：今天我的好朋友打了我一巴掌。

接着他们继续往前走，来到了一条大河边，他们决定休息一下，但一不小心，被打耳光的那个人差点溺水，幸好被他的朋友及时救起。被救后，他又做了什么？

请同学们再次展开分组讨论，各组给出自己的答案。

故事的答案是他在石头上刻道：今天我的好朋友救了我一命。

他的朋友好奇地问："为什么我打了你之后，你写在沙子上，而现在要刻在石头上呢？"请问这个朋友是怎么回答的？

请各组根据上面的内容，往下编写最后一段，并说出答案。

故事的答案是：他笑了笑并说道："当被朋友伤害时，要写在易忘记的地方，风会抹去它；相反，如果得到朋友的帮助，我要把它刻在心灵深处，那里，任何力量都不能抹掉它。"

（二）讨论分享

对"第 1 则：表演情景剧——矛盾重现"提问：

1. 情景剧中的同学为什么会发生争执？

____

2. 当时他们的情绪怎么样？

____

3. 争执会带来什么样的后果？

____

小贴士： 矛盾产生争执，争执带来伤害，伤害引发负面情绪，负面情绪影响学习、生活，这一串的连锁反应最终会导致不良的心理状态。

对“第2则：发挥想象力——故事接龙”提问：

4. 如果朋友因为吵架而打了你，你的感受是什么？你会怎么做？

____

5. 如果朋友在你困难时帮了你，你的感受是什么？你会怎么做？

____

6. 从这个故事中你感悟到了什么？

____

小贴士： 通过故事的续写，同学们进行比较和自我分析、自我反省，领悟到解决人际关系问题的方法就是学会接纳、学会理解、学会尊重、学会宽容。

三、总结提升

（一）实践领悟

主持人： 请同学们闭上眼睛，想象一下，如果时光能够倒流，让我们再次回到刚才发生冲突的情景中，这一次你会怎么做呢？还像刚才那样和同学大吵大闹吗？你会采取不一样的方法吗？我们续写的故事能否帮你找到解决问题的办法呢？现在我们进入下一个环节：剧情改写。

小贴士： 各小组对第一个情景剧中的剧情进行改写，用自己在故事接龙中体会到的、感悟到的各种方法为发生争吵的同学出谋划策，使同学们之间的矛盾能够一笑而过，化干戈为玉帛。

情景剧《矛盾重现》剧情改写

____

____

____

____

____

____

讨论分享： 现在，你认为自己找到了与同学化干戈为玉帛的诀窍了吗？

____

（二）总结激励

有一个心理学效应叫作“刺猬准则”：在寒冷的冬季，两只困倦的刺猬因为寒冷而拥抱在了一起，但是由于它们各自身上都长满了刺，紧挨在一起就会刺痛对方，所以无论如何都睡不舒服。因此，两只刺猬就分开了一段距离，可是这样又冷得难以忍受，因此它们就又抱在了一起。折腾了好几次，它们终于找到了一个比较合适的距离，既能够相互取暖又不会被扎，这就是“刺猬准则”。它告诉我们，发生矛盾、冲突不一定就是坏事，反而教会了我们如何把人际关系调整到一个合适的位置，直到彼此被完全接纳为止。

请记住：学会接纳、理解、尊重、宽容，多发现他人的长处和优点，用欣赏的眼光看待他人，那么你的人生路上就会赢得更多的友谊，收获更多的感情，获得更多的快乐。

四、课后拓展

人生在世，谁也不可能生活在一个孤岛上，每个人都不可避免地要与别人交往、沟通。为大家推荐一本书：《交往的学问：适合中学生的人际交往宝典》，该书可以帮助我们解决诸多人际交往中的问题，有针对性地培养大家驾驭人际关系的能力。

活动案例

学会与人交往

心理学中的“交互原则”告诉我们：人际关系的基础是人与人之间的相互接纳、相互重视。交往双方应互相理解、互相体谅，既能接受他人的长处与优点，也能接受他人的短处与缺点。交往是相互的，化解矛盾冲突是需要大家共同努力的。

小兰同学是某职业学校一年级新生，她最大的特点就是自命不凡、性格冲动、不计后果。刚来学校不久，就和一个二年级同学发生冲突。起因很简单，她们两个在宿舍走廊上不小心互相撞了一下，对方生气地说了她一句，她就不依不饶，上前打了起来。后来她又相继和本班同学、外班同学吵过架、动过手。由于多次犯错，她受到了记过处分。小兰因此也很懊恼。那么她该如何调整自己，解决人际关系中出现的问题呢？

首先，要正视差异的存在。由于同学们的家庭背景不同、生活习惯不同、兴趣爱好不同等，每个人具有不同的性格特点、思维方式和行事风格。我们要正视这些差别的存在，正因为有这些差别，我们的生活才变得丰富多彩。

其次，要多看他人的长处和优点。我们知道“金无足赤，人无完人”，还有“人非圣贤，孰能无过”。这些都在告诉我们，每个人的身上都有缺点。如果我们总是抓住别人的缺点和短处不放，总是觉得别人说话做事的方式不顺眼，时时刻刻挑别人的毛病，那么我们的人际交往一定会出现很多问题。因此，我们应当多看他人的长处和优点，多发现他人身上的闪光点。他人的一点好处我们都应尽量记住，常怀一颗感恩的心，这样我们的人际关系一定会和谐而美好。

最后，要懂得尊重他人、接纳他人。别人对待你的方式，是由你对待别人的方式决定的。如果我们做事以自我为中心，不考虑他人的感受，与人交往时总以满足自己的心理需求为主，不知理解他人、尊重他人，那么与人发生冲突就不足为奇了。因此，我们应当接纳、理解、尊重、宽容他人，如此，他人也会接纳、理解、尊重、宽容我们。尊重差异，主动交流，我们就会交到更多的朋友，获得更持久的友谊。

思考题

1. 你在与同学的交往中遇到过矛盾冲突吗？你是怎么解决的？

____

2. 你认为我们应该怎么做才能建立和谐的人际关系？

____

第4课 赞美的力量

活动背景

每一个人从呱呱坠地的那一刻开始，就犹如天使降临人间。但在成长过程中，如果让他（她）不断经受这样那样的批评、指责与打击，慢慢地，天使的翅膀就会逐渐收缩，天使的能量也会逐渐消失。反之，如果我们生活的环境中充满了赞美和赏识，建议、批评是适度的、中肯的、必要的，那么，我们对自我、对他人的认同感就会越来越强烈，就会迸发出强大的力量。本节课旨在通过活动帮助同学们重新认识自己，认清自己，学会赞美自己并接纳自己；在活动中理解人际交往中赞美的必要性和重要性；学会通过赞美来建立良好的人际关系。

活动目标

1. 挖掘一个全新的自己，调整心态，提升自我认同感，增强自信。
2. 理解赞美的必要性和重要性。
3. 学会赞美自己、赞美他人。

活动准备

1. 学生分为若干组，每组6～8人。
2. 学生准备：气球（每人一个），笔。
3. 教师准备：彩色小纸条若干（数量比较多），音乐《我相信》。

活动过程

一、团体热身

（一）热身游戏

夸夸自己

主持人把同学们平均分成两个大组并围成两个同心圆，内圈按顺时针走动，外圈按逆时针走动，主持人说：停！外圈内圈的同学相向而站，面对面的两名同学分别向对方介绍自己的三个优点。

（二）讨论分享

1. 当你向别人介绍自己的优点时，你的感受是：

____

2. 在活动中遇到说不出自己优点的同学时，你的感受是：

____

小贴士：谦虚被视为中华传统美德之一，所以中国人一般不在别人面前主动夸赞自己。但是，有时候过于谦虚，反而无法正确地评价自己了。在生活中，我们要学会赞美和激励自己，学会赞美别人，也要学会接受别人的赞美。

二、主题活动

（一）情景呈现

优点“大轰炸”

播放背景音乐。

把同学们分组，按 6～8 人一组，发给每组 6～8 个气球、6～8 支笔，彩色小纸条若干。

游戏规则：

第一步：制作“弹片”。本组同学每人在自己的彩色小纸条上写下被“炸”的同学的优点。

第二步：制作“炸弹”。把弹片放进气球，吹起来，并扎紧口。

第三步：轰炸开始！全组同学围着被“炸”同学，把气球举起放在他头上，用笔戳破气球。找一位同学读“弹片”上的优点，最后全组同学齐声说“你就是这样的”。

接着，小组成员轮流接受“轰炸”，被轰炸者只能听，不能说话。

指导建议：主持人提醒大家在扎气球时要注意安全。活动气氛可能会很热烈，一定要去每个小组聆听、感受。

（二）讨论分享

1. 当别人赞美你时，你的感受是：

____

2. 你所了解到的自己的优点与他人对你的评价哪些一样，哪些不一样？

____

进一步探讨：

3. 怎样赞美别人并让别人觉得你是诚恳和善意的？

____

指导建议：主持人可以先让同学们在小组内讨论分享，然后各组之间分享，对分享的同学所讲述的事件和观点，主持人要呈现出接纳、尊重、关爱的态度。

小贴士：在我们的学习生活中最不缺乏的就是批评和指责，但我们之中又有几人是由于别人的批评和指责而不断取得进步的呢？“己所不欲勿施于人”，既然我们都不愿意被别人指责、批评，那就让我们从现在开始，学会赞美自己、赞美他人，也学会接受别人的赞美，给自己增加自信。

三、总结提升

苏格拉底说：“其实，每个人都很优秀，差别就是如何认识自己，如何挖掘自己和重用自己……”每个人都希望得到别人的欣赏和掌声，如果你没有得到别人的赞许，那么就伸出双手自己给自己鼓掌；也许他人有很多的缺点和不足，我们也要用欣赏的眼光来发现他人身上美好的品质，如果你没有赞许过别人，那么就从现在开始。

（一）想象冲击波——冥想

闭上眼睛，调整呼吸。伴随着深呼吸，在想象中出现一个完美的我，我和完美的我在草地上种下一粒树种，然后给树种浇水，树迅速长大。我和完美的我手拉手围着树在转，越转越快，最后完美的我、树都融合在我的身上，然后看看自己发生了什么样的变化，体会一下自己现在的心情。

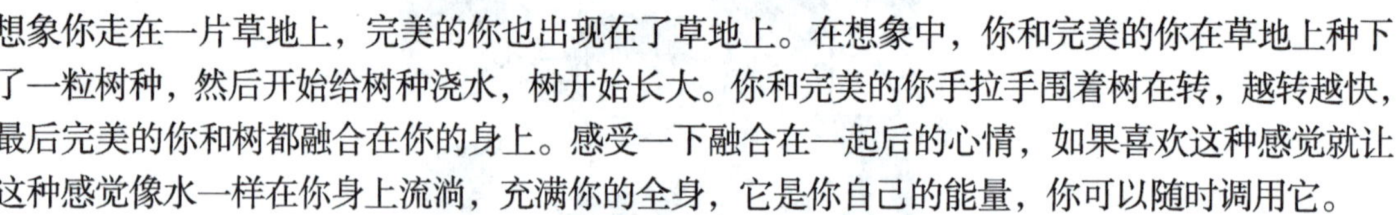

主持人：同学们闭上眼睛，放松身体，调整呼吸，呼吸要慢、长、匀，吸气要吸足，呼气要呼净。把注意力集中在你的呼和吸上，一呼一吸算一次，共深呼吸6次。伴随深呼吸，想象你走在一片草地上，完美的你也出现在了草地上。在想象中，你和完美的你在草地上种下了一粒树种，然后开始给树种浇水，树开始长大。你和完美的你手拉手围着树在转，越转越快，最后完美的你和树都融合在你的身上。感受一下融合在一起后的心情，如果喜欢这种感觉就让这种感觉像水一样在你身上流淌，充满你的全身，它是你自己的能量，你可以随时调用它。

指导建议：完美的我弥补了我身上的缺点，但完美的我不自大、不自傲。在实践中，有的同学可能会想象不出来，有的同学能想象出来但融合不到一起，有的同学种下的树长不大，对于这些我们可以暂时忽略，对同学没有影响。有的同学会哭泣，一定要问明原因，有的是喜极而泣，有的可能会有其他原因，如果必要，让学生在课下找专业心理老师寻求帮助。

（二）笑脸哭脸大比拼

同学们准备一张大白纸，自己画或者准备一些笑脸和哭脸。在日常生活学习中，当自己在心中赞美自己、给自己打气的时候，在准备好的白纸上贴上一个笑脸，并简单地记录自己的心情；当出现自我否定、自我批评的时候贴上一个哭脸，同样简单地记录自己的心情。

用一个星期或更长的时间，看看自己得到的笑脸多还是哭脸多，慢慢改变自己的思维模式，学会用积极的语言鼓励自己、赞美自己。

（三）总结激励

在每一个人的成长过程中，都会不同程度地遇到困难、挫折和打击，受到各种来自周围的冷眼和批评，逐渐让我们丧失了正确认识自己的能力，丧失了赞美自己、赞美他人的能力。赞美就像照在人们心灵上的阳光，能给人以力量。没有阳光，我们就无法正常发育和成长。赞美能给人以信心，没有信心，人生的大船便无法驶向更远的港湾。从今天开始，让我们学会赞美自己，学会赞美他人，在自我激励和被他人的激励中奋步前行。学会赞美自己、赞美他人不是一蹴而就的事，需要从点滴小事中逐渐发现自己的亮点，挖掘自己的潜力，成就一个不一样的自己。

四、课后拓展

推荐阅读：《你就是答案：活出独一无二的自己》。

美国舞蹈家玛莎•格雷厄姆说过一段很美的话："有股活力、生命力、能量经由你而实现，从古至今只有一个你，这份表达独一无二，如果你卡住了，它便失去了，再也无法以其他方式存在。所以，要知道，你是宝贵的存在！"

每一个生命都能更好地成为自己，因为真实的自己，才是最好的自己。全书通过"立场""自信与自卑""叛逆""恋爱"等几个关键词充分表达了每个人都可以成为独一无二的自己，你要做的就是从别人的评价中解脱出来，投入地去做自己真正喜欢的事情，努力实现自己的梦想，从而让自己满意。

活动案例

赞美到对方心里去

美国著名心理学家威廉•詹姆斯研究发现："人类本性中最深刻的渴求就是受到赞美。"赞美可使人达到心理满足，可使人心情愉快，使人奋发进取，使人扬起理想的风帆。几句真心的赞美也许能创造一个奇迹，几句不当的批评也许会葬送一个人的前程。

小航是中职学校一年级的学生，学习成绩较差，喜欢搞小动作，爱钻牛角尖，情绪不稳定，易冲动。有一次他上课睡觉被叫起来后，在课堂上公然顶撞老师，逆反心理严重，处处以自我为中心，想干什么就干什么。面对这些问题，班主任决定要努力发现他的闪光点！通过观察，老师发现他在不听课时，喜欢在书的空白处画漫画，于是就让他专门负责班级墙报工作。刚开始的时候，他也不认真对待，总是以交差应付的态度完成任务，但老师每次都会找到他画中的优点，肯定他的成果并和他进行交流。慢慢地，他的墙报一次比一次精美，直到墙报获奖，小航得到全班同学的一致好评，更加增强了他的集体荣誉感。在他控制不住自己犯错误的时候，老师也调整了教育方法，不再一味地指责，而是引导他正确地看待问题，慢慢地他在学习和生活上开始有所改变，不稳定的情绪减少了，上课不睡觉和画画了，作业完成得比以前认真了，遇事不再像以前那样冲动了，学习成绩也有显著提高。

小航的进步，就是因为老师抓住了他身上的闪光点，把握住机会，及时地给予欣赏和赞美，让他感受到"我能行，我一定能成功！"强化了他的满足感与成就感，使他树立起自信心和责任心，进而激发他的原动力，尽力将事情做得更好。那么，赞美有什么方法可循，我们要怎样做才能赞美到对方心里呢？

第一，赞美必须是真诚的。这是赞美的先决条件，只有发自内心的赞美，才能显示出赞美应有的魅力。如果在小航刚开始画墙报的时候，老师对着并不是很用心的作品一味地给予夸奖："你画得真好！"这种赞美不但不会换来好感，反而会使人生厌，感觉是虚伪奉承。

你要赞美的应该是对方真实拥有的，而不是无中生有的。所以说，赞美要真诚，真诚的赞美是阳光、空气和水，是人在成长过程中不可缺少的条件。

第二，赞美要适时适度。一旦发现对方有值得赞美的地方，一定不要吝啬，要抓住时机，及时真诚地赞美对方。错过了最佳时机再去补救，赞美的效力就打折了。切忌过度地恭维、空洞地吹捧。赞美一旦过头，其结果适得其反，过犹不及。所以适时适度的赞美会在学生和老师之间架起一座沟通彼此心灵的桥梁。

第三，赞美要在细微之处见真谛。我们要善于在平凡中找出不平凡。和小航交流时，老师就是从他的课本中发现的一个小信息入手，找到了赞美的突破口，而这个不易发现的信息，正是小航心中最大的骄傲。所以赞美若要走进人心，一定要细观察、抓点滴。

赞美的力量无处不在，一次欣赏，一句激励，一个点赞，往往会给我们带来意想不到的效果。所以，要学会赞美，从细微入手，把握时机，将真诚的赞美传递到他人的心坎里，帮助更多的人扬起自信的风帆！

思考题

1. “换个眼光看世界，美无处不在”。你觉得这个世界美不美？你想怎么赞美一下你所看到的美？

____

2. 欣赏与赞美给别人和自己带来愉悦的心情，你有没有类似的情况？

____

3. 你觉得赞美对于激励他人、改善人际关系能起到积极的作用吗？谈谈你的看法。

____

第 5 课 走近父母

活动背景

父母和孩子的关系即亲子关系，是每个人一生中最早接触到的人际关系，也是最重要的一种人际关系。然而随着孩子一天天长大，本应该是最亲密的母子或父子却渐行渐远，这种现象在中职生中经常能见到。由于父母的繁忙、孩子的叛逆、沟通的缺失，使得孩子与父母之间冲突不断，有的同学谈起父母时更多的是抱怨。在这种情形下，帮助同学们去理解父母、体谅父母，学会换位思考、站在他人的角度思考问题，学会维持和谐的亲子关系、人际关系，从而形成健全的人格，就变得至关重要。

活动目标

1. 认识自己与父母冲突的症结所在，寻找有效的交流途径。
2. 认识理解沟通的重要，学会换位思考。
3. 学会体谅父母、走向父母，拥抱亲情，创建和谐的亲子关系。

活动准备

1. 学生分为若干组，每组 5 人。
2. 学生准备：纸，笔，敞口瓶。
3. 教师准备：背景音乐。

活动过程

一、团体热身

（一）热身游戏

全家总动员

游戏规则：

1. 5 名同学一组，分别扮演爷爷、奶奶、爸爸、妈妈、孩子。

2. 先由孩子表演一套动作（有特定寓意，比如背老人过小河等）给爸爸看，爸爸根据自己的理解，把动作表演给妈妈看，妈妈再表演给奶奶看，最后是奶奶表演给爷爷看。在孩子表演动作给第一位选手看时，其他选手须面墙站立；第一位表演给第二位看时，其他选手仍须面墙站立，直到最后一位。每人只准表演一次动作。可以表演两到三组，也可以根据时间决定表演几组。

3. 先问爷爷的扮演者：你看到的动作寓意是什么？之后再问其他成员。

4. 换一组选手，再进行一次。

（二）讨论分享

对于同一套动作，为什么大家理解的寓意却不尽相同？通过这个热身游戏，你感觉问题的症结在哪里？

小贴士： 通过此活动调动学生参与的热情，让学生体验家人之间沟通的必要性和重要性，发现并理解沟通的作用。

二、主题活动

（一）情景呈现

第1则：角色扮演

小时候，小云和父母关系还不错，有事都愿意跟父母说。但是，上了中学之后，每次回家小云都发现跟父母的沟通变得困难，父母很少关心她在学校生活得好不好，反而不停地唠叨：不要早恋，要好好学习，要懂得努力，要考上好学校，否则工作也找不到……经常拿他们的经验来教育小云。这让小云很烦恼，放学想回家，又不愿意回家。周末要么出去找朋友玩，要么在自己房间上网，没事也不出房门。这一天，小云正在自己房间津津有味地上网，她的妈妈进来了……

根据生活经验，请同学们设计这一幕与父母发生冲突的情景，并进行表演。

第2则：换位观察

下面的两幅图片，其实是同一幅图片，我们仅仅变换了一个观察角度，“老妪”就变成了美丽的“少女”。

（二）讨论分享

对“第1则：角色扮演”提问：

1. 分析小云和父母之间产生隔阂的原因：

---

2. 你和父母的冲突主要集中在哪些方面？

____

3. 父母的哪些要求是你最无法接受的？（可以写在纸上，放进“宣泄瓶”里。）

____

4. 你能给出解决亲子隔阂的建议有哪些？至少写出三条。

____

____

____

同学们相互比较交流，一起分享。

对“第2则：换位观察”提问，变换一下角度，以父母的身份回答下面问题：

5. 你希望你的孩子与你相处的方式是：______________________________

6. 你希望你的孩子成为怎样的一个人：______________________________

7. 你希望你的孩子像你一样吗？______________________________

8. 对于孩子，你最不能容忍的是：______________________________

9. 对于孩子的无理要求你会如何处理？______________________________

10. 你对孩子最大的期望是：______________________________

……

引导思考：我们现在所做的某些事情是否会是将来我们为人父母时最厌恶的事情？我们现在所不能理解的事情是否会是将来我们为人父母时最希望孩子能理解的事情？

小贴士：当我们抱怨父母不了解我们的生活圈子，不懂时尚，不尊重、不理解我们的时候，其实我们也并不了解父母，也并没有给予他们足够的尊重和理解。换位思考是人格成熟的标志，这一点对于维护亲子关系是至关重要的。我们只有走向父母，才能试着让父母了解我们，学会沟通才会让我们更加理解、珍惜对方。沟通是双向的，你的沟通之窗打开了吗？

三、总结提升

（一）短片欣赏

1. 观看视频材料：《有一种爱，伴我们一生》

从我们出生起，父母就是我们的依靠。可以说我们成长的每一步都离不开他们的悉心呵护。在他们充满爱心的照顾下，我们才能生存下来，并拥有健全的身体和心灵。我们渐渐地长大，父母也慢慢地老去，是他们用逝去的青春，换给我们一个美好的未来、一个美丽的人生。

2. 讨论分享：通过观看视频资料，你对自己与父母的关系有了哪些新认识？你打算如何改善你与父母的关系？

____

____

同学们在班里交流自己的感受和新认识，重新审视自己对父母的意见和抱怨，删除那些自己可以理解的条目，将剩余的条目或者自己的感受重新写在另一张纸上，再次放入瓶中。将它作为与父母的“交流瓶”“真话瓶”或“祝愿瓶”，交给父母，敞开自己的心扉，与父母进行“心灵对话”，相信大家会领略亲子关系中不一样的感觉。

（二）总结激励

父母是赋予我们生命并养育我们的人，他们为我们的成长所耗费的心血是无法估量的。对于儿时的我们来说，父母意味着安全、温暖和幸福。随着年龄的增长，我们开始抱怨父母唠叨、多事、固执、无法沟通……但我们可曾想过先主动迈出一步，走向父母，理解父母的心情，主动与父母沟通，倾听他们的童年往事和求学、就业的经历，在养育我们的过程中所经历的苦与乐，以及他们的兴趣、爱好、愿望、梦想、遗憾、烦恼等。要知道父母也是普通人，他们是整个家庭的支柱，需要为老人和孩子的生活打拼，他们身上的压力非常大；他们也需要成长，也和我们一样有着痛苦和迷茫！从今天起试着走向父母吧，如果我们能够站在父母的立场，看到他们身上的责任和压力，如果我们愿意通过沟通，去理解、信任、体谅他们，相信我们会构筑一个无比和谐美满的家庭！

四、课后拓展

刘墉，知名画家、作家，一个很认真生活、总希望超越自己的人；一个“为自己说话、也为时代说话”的人；一个始终以“不负我心，不负我生”为原则处世的人；一个因爱的驱使而不断写作的人。他用平实的话语将自己的故事凝结成的人生感悟，影响了许多年轻人。

《学会爱》是《刘墉给孩子的成长书》中的一本，在这本书中，作者以亲切、有趣的文笔和内容丰富、事例详尽的故事为你讲述：怎样让父母了解自己的想法，怎样得到父母的理解，怎样和父母沟通交流，让父母成为你最贴心的朋友。

活动案例

如何化解亲子冲突

家庭是社会的基本构成单位，亲子关系是家庭关系的重要组成部分，亲子关系是否融洽，会直接影响到家庭关系的和谐与否。“青春期”遇上“更年期”，心理断乳遇上固化思维，因亲子冲突而导致家庭关系不和谐的事情，在我们的周围经常见到。

小轩是中职学校一年级网络专业的一名男生，爱玩游戏，学习成绩一般，整个人显得比较“焦虑”“暴躁”，听不进老师、同学的意见，在班内经常是一言不合就动手打人，而且下手极狠，对他人充满敌意。面对这些问题，班主任从其家庭入手，展开了调查。调查结果发现，小轩在学校与同学们相处的模式，几乎是他与父母相处模式的“翻版”。由于父母工作忙，小轩基本上是跟爷爷、奶奶一起生活，在两位老人的溺爱下，小轩任性、霸道，沉迷于网络游戏，养成了许多不良习惯。在小轩的陈述中，他的父母在家的时间很少，一回来就唠叨他，不是指责就是批评，横挑鼻子竖挑眼，鸡蛋里挑骨头。在他们的眼里，小轩只有缺点、毛病。小轩说：“他们只会考虑自己痛不痛快，根本就不顾及我的感受！”由于这种心理作祟，久而久之，小轩形成了与父母的对抗心理，只要父母一开口，他就会产生一种“应激反应”，马上进入一种“备战状态”，就像一只刺猬，竖起满身的刺，与父母说不了几句话，就开始争吵、咆哮甚至动手，与父母之间充满了隔阂。

像小轩这种与父母的相处模式，在中职学生中并不少见，那么作为“孩子”的一方，我们该如何化解家庭中的亲子冲突呢？

第一，主动沟通。不要靠臆想、猜测来揣摩父母对待自己的态度，这样极容易在两者之间产生误解，形成隔阂。最好的方法是将自己的想法、困惑、不解、疑问等提出来，或心平气和地与父母当面沟通，或通过书信、微信、QQ 等方式与父母沟通。这样可以增进我们与父母之间的相互了解、相互信任，达到感情和心灵上的融合。

第二，换位思考。要克服自我中心倾向，学会心理换位，站在父母的角度去思考问题，体会他们工作的艰辛，感受他们生儿育女的不易，理解他们对子女的一片赤诚之心。尊重父母的意见和建议，即使与父母出现分歧，也不要一味地回避、疏远甚至顶撞，而是要静下心来，试着从父母的角度客观地分析、评价自己与父母双方面的观点与出发点，这时你会发现，原本你认为的“唠叨”“指责”和“批评”，其实只是父母对自己“恨铁不成钢”的表现。正因为父母对我们有着殷切的期望，他们才会希望我们更好、更优秀。虽然有时父母的关爱方式值得商榷，也不要采取过激的方式来激化矛盾，要学会通过协商、冷处理等方法，技巧性地解决分歧和冲突，要试着理解、体谅父母，而不是一味地怨恨，拒他们于千里之外。

第三，三思而行。我们正处于青春期，容易产生逆反心理，这也是我们与父母之间产生亲子冲突的一大原因。因为逆反心理的存在，我们的行为会存在一定的盲目性、抵触性、放纵性和极端性，所以遇事要学会控制情绪，三思而后行，要善于反省反思，不要因一时的冲动，留下终生无法弥补的缺憾。

每个人都希望自己有一个和谐的家庭，希望与父母亲密相处。只要我们愿意真正地向父母敞开心扉，主动与父母交流，认真倾听、善于体谅、换位思考、经常自省，相信会逐渐消除亲子冲突，构建起融洽的亲子关系，从而产生成长的内在动力，实现自我成长，步入人生的正常轨道。

思考题

1. 现在让我们一起来看看，大家对父母的了解有多少。如果有疑问，赶快来采访父母吧！

（1）父母的生日是几月几日？ ____________________

（2）父母最爱吃什么？ ____________________

（3）父母鞋子的尺码是多少？ ____________________

（4）父母一天的工作有哪些？ ____________________

（5）父母最近有什么烦恼？工作是否顺利？ ____________________

（6）父母的梦想是什么？ ____________________

（7）父母的身体状况怎么样？ ____________________

（8）父母的爱好有哪些？ ____________________

（9）你提的一些要求是否超出了家庭可支出的范围？ ____________________

（10）父母对你最大的期望是什么？ ____________________

2. 现实生活中，你与父母之间是否有冲突？你打算如何化解这些亲子冲突？

____

活动任务

组织策划一次到儿童福利院慰问演出的活动，参与者自行组织协调，相互沟通，选定排练节目，安排主持人，购买礼品等。

活动指导

1. 事先要与父母沟通，取得父母的同意及“财政”支持。

2. 与福利院取得沟通、联系（必要时可以请家长或老师帮忙），得到对方的允许。

3. 注意选择慰问的时间；节目的排练要具有多样性；礼品的选择最好与院方事先沟通好，以实用为主；在与福利院儿童进行交流沟通时，要关照对方的感受。

4. 注意交通及活动中的安全。

活动反思

____

____

____

____

第五单元　选择与规划

单元目标

实现生命价值

在人生的大舞台上，每个人的自我价值都需要通过一系列社会活动，尤其是职业生涯活动来实现。有了目标才会有奋斗的方向，有了规划才会有进取的航标。只有在客观地分析个人职业兴趣的基础上去制订合理的职业生涯规划，才能在将来的职场发挥职业竞争力，获得职业发展的优势。

本单元以“选择与规划”为主题，针对中职阶段这一特殊时期，围绕“明确人生目标——树立正确的价值观——探索职业兴趣——描绘生命彩虹——规划职业生涯”这一主线展开一系列生命教育活动，旨在帮助同学们培养理性思维，认识生命价值，进而树立自己的人生目标；认识自我与职业、事业与人生的密切联系；能够正确分析自我，进行现阶段的生涯规划，绘制自己的人生蓝图，以实现自我的人生价值。

第1课　梦想从这里起航

活动背景

中职阶段正是放飞梦想的阶段。如果没有明确的人生梦想，死读书、读死书，或者浑浑噩噩地过日子，生活就会陷入迷茫、被动和无趣状态。有些同学有自己的梦想，但梦想太过空洞，只有展望而没有具体行动规划，结果梦想就成为海市蜃楼，要么朝令夕改，要么半途而废，不能取得实际效果。可见，找到自己的生活和学习目标，并将目标具体化、可操作化，提升学习的动力，对我们追梦、圆梦是非常必要的。

活动目标

1. 认识梦想与未来是需要从此时此地去规划的。
2. 明确目标对人生发展的激励作用，找到实现梦想的唯一方法就是从现在开始行动。
3. 培养敢于追求梦想、实现梦想的勇气和意志品质。

活动准备

1. 学生分为5个组。
2. 学生准备：A4纸，蜡笔，课前学唱歌曲《我的未来不是梦》。
3. 教师准备：研习材料（哈佛大学的调查报告），5个眼罩。

活动过程

一、团体热身

（一）热身游戏

添　鼻　子

在黑板上画5个缺少鼻子的头像，先请5位同学蒙上眼睛，在黑板上为这5个没有鼻子的头像添上鼻子。然后再画5个缺少鼻子的头像，请另外5名同学不蒙眼去给头像添上鼻子。

（二）讨论分享

1. 蒙住眼睛的感觉是什么样的？

____

2. 生活中有没有类似的、蒙着眼睛做事的时候？说说你的经历。

____

主持人让前后两组同学分别谈谈感受，分享的时间控制在 5 分钟以内。

小贴士：很明显，当我们蒙上眼睛后，没有不蒙眼睛的那组画得好。蒙上眼睛，两眼一抹黑，就看不到眼前的目标；失去目标，人的行动就会受阻，一切努力就会白费。我们现在正是树立目标追求梦想的时候，应该确立清晰的目标，让自己的梦想扬帆起航。

二、主题活动

（一）情景呈现

案例 1：一生的志愿

1942 年，美国洛杉矶郊区的一个普通人家的 15 岁少年约翰·戈达德，把他一生想干的大事列出一张表，题名为“一生的志愿”。表上罗列了他的志愿：“到尼罗河、亚马孙河和刚果河探索；登上珠穆朗玛峰、乞力马扎罗山和马特峰；驾驭大象、骆驼、鸵鸟和野马；探访马可波罗和亚历山大一世走过的道路；重演一部《人猿泰山》那样的电影；驾驶飞行器；读完莎士比亚、柏拉图和亚里士多德的著作；谱一部乐曲；写一本书；游览全世界每一个国家；结婚生孩子等。”每一项都编了号，一共有 127 个目标。到 1985 年，戈达德在经历了 18 次死里逃生的冒险和无数个难以想象的困难后，已实现了其中的 106 个目标。他取得了很大的成功，也因此获得了探险家的美誉。

案例 2：目标影响大调查

哈佛大学有一个非常著名的关于目标对人生影响的跟踪调查。调查的对象是一群智力、学历、环境等条件都差不多的大学毕业生。结果是这样的：

调查比例	目标状况	25 年后的生活状况
27%	没有目标	他们过得很不如意，并且常常抱怨他人、抱怨社会、抱怨这个“不肯给他们机会”的世界
60%	目标模糊	他们安稳地生活与工作，但都没有什么特别的成绩，几乎都生活在社会的中下层
10%	有清晰但比较短期的目标	他们的短期目标不断实现，成为各个领域中的专业人士，大都生活在社会的中上层
3%	有清晰而长远的目标	25 年间他们朝着一个方向不懈努力，几乎都成为社会各界的成功人士，其中不乏行业领袖、社会精英

（二）讨论分享

1. 案例 1 中约翰·戈达德的成功应该归功于什么？

____

2. 通过分享约翰·戈达德的成功故事，你有什么收获？

____

3. 梦想是由一个个具体的目标构成的，你的梦想清晰明确吗？它是由哪些具体目标组成的？

____

4. 案例2中被调查者在25年前的差别是什么？在25年后的差别又是什么？对此你有何感想？

____

小贴士：案例1中约翰·戈达德一生志愿要实现127个目标，不可谓不多，但只要一步一个脚印地朝着梦想不懈努力，多就会变少，梦想就会实现。案例2中同为哈佛学子，他们之间的差别仅仅在于：25年前，他们中的一些人知道自己到底要什么，而另一些人则不清楚或不很清楚，这就造成了25年后生存状态的巨大差异。我们如果想让未来生活得更有意义，那么现在就要尽早确定自己的人生目标！

三、总结提升

（一）梦想激荡

填写梦想探索单，互相交流分享。

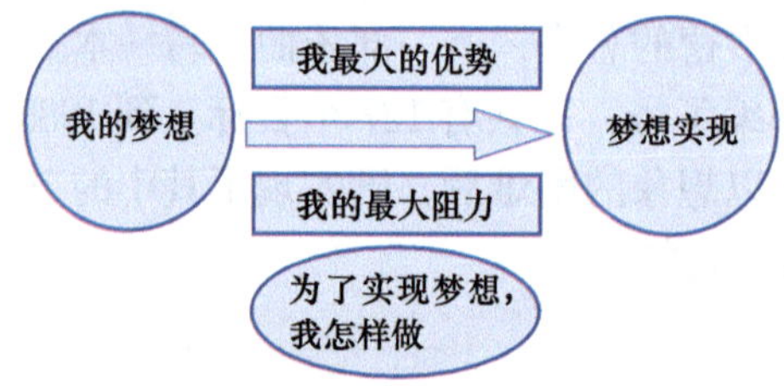

（二）总结激励

梦想的实现来自微小的目标的积累，目标由小变大正是我们越来越接近梦想的时刻。我们正处在树立梦想、明确人生目标的重要时期，渴望通过自身的奋斗和追求，实现人生价值。从我做起，从现在做起，从平凡的事情做起，是实现人生梦想的必要条件。梦想的实现需要实实在在的行动。通往梦想的道路是遥远的，但起点就在脚下，我们想要达到长远的目标，就要在此时起航。

最后，大家一起唱《我的未来不是梦》，在歌曲中结束本课。

四、课后拓展

梦想在我们的一生中是至关重要的，一个有梦想、有追求的人会活得非常自信、充实，这样的人每天的生活都是充满色彩的；而一个缺乏梦想的人，经常会感到无聊、颓废，长期下去生活会没有动力、没有乐趣，这是对生命的一种不尊重。在中外许多影视作品中不乏反映坚持梦想、实现梦想的内容，如电影《和你在一起》《农民宇航员》《当幸福来敲门》《17岁的单车》等。大家不妨利用课余时间看一下，会有很多的启发。

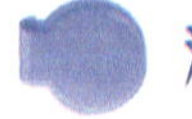

活动案例

理想与现实

理想来源于现实，但它不等于现实，而是现实的升华。每个人都有理想，如果理想与现实之间的矛盾冲突超过了人的心理承受能力，就会产生自我怀疑，对理想产生动摇，陷入苦闷和彷徨的境地。这在刚刚毕业的学生身上体现得尤为明显。

每到毕业离校时，许多学生都会有迷茫和困惑的情绪。总想在毕业后马上就能找到一份自己满意的工作，但是很多时候，现实并非如此。其实这就是理想高于现实的表现。

中职学生张雷在学校时学习成绩中等，是个内向平和的男孩。在毕业离校后，他顺利地进入了一个专业对口的公司实习。三个月后，他选择了辞职，原因是这不是他的理想。然后他去北京当了一名群众演员，一年后再次见到他时，他成了一名吉他老师。短短两年，他从自己所学习的专业一下跨越到一个毫不相干的领域。据他自己说，这是他一直以来的理想：就是从事与艺术有关的工作。从张雷同学的经历中，我们不难看出，理想和现实虽然存在对立和冲突，但是在一定条件下，理想是可以转化为现实的，这些条件在很大程度上是靠自身的不断努力奋斗去创造的。在现实中不断给自己进行定位，不断充实完善自己，才能使理想转变为现实。张雷同学用了两年时间坚守自己的理想，在这两年里，他付出的努力是可想而知的。最终他把自己的理想与现实完美地结合在一起了。

理想总是美好的，可是现实中既有美好的一面，也有无奈的一面。像张雷同学这样将理想与现实完美结合的案例还是少数。有些学生进入社会后不断地换工作，渐渐被残酷的现实击垮，迷失了自我，最终不知道自己该追求什么，变得消极、悲观。所以，如果理想是一个定量，那么现实就是一个变量，客观上，随着时间和环境的变化，现实也会发生相应的改变。而在主观上，我们要通过适应、争取、创造而不断去改变现实，先实现阶段性的目标，再一步步接近理想。

思考题

1. 根据上文你觉得理想（梦想）与现实的关系是怎样的？

____

2. 你是否有坚定的理想并有为之奋斗的决心？请说说你的想法。

____

3. 假如现实与理想差距很大，你会做出什么样的阶段规划？

____

第2课 我的职业价值观

活动背景

价值观是指人们在认识各种具体事物的价值的基础上，形成的对事物价值的总的看法和根本观点。价值观对人们自身行为的定向和调节起着非常重要的作用，它直接影响和决定一个人的理想、信念、生活目标和方向定位。将来无论是继续求学还是直接就业，我们都会面临职业的选择和对未来职业的设想，这就是职业价值观。职业价值观在我们对各种职业的认知过程中起到了“过滤器”的作用。在为自己做出职业生涯规划之前，一定要树立合理的职业价值观，它反映了我们对自身职业需求的表达和面临职业选择的务实取舍。因此，引导同学们充分认识职业价值，树立合理的职业价值观，帮助大家接受客观现实，调整就业期望值，培养择业信心是非常有必要的。

活动目标

1. 认识到每个人的职业选择都是受自己职业价值观支配的，明确自己的职业价值观。
2. 多角度地体验自己的职业价值观。
3. 提升职业价值自信。

活动准备

1. 学生分为若干组，每组6～8人。
2. 学生准备：4×4的方盒，A4纸，笔。
3. 教师准备：歌曲《我的志愿》，幻灯片，打印课后拓展的两个表格。

活动过程

一、团体热身

（一）热身游戏

1分钟联想

请同学们闭上眼睛，主持人说“请联想一下你理想中的工作”，并开始计时，1分钟后停止。让同学们写下刚才头脑中所联想到的任何短语，比一比，看谁在1分钟内联想到的短语最多。

（二）讨论分享

你在工作中寻找的是什么？你判断工作“好”与“坏”的标准是什么？

小贴士：选择职业，首先要明确自己的职业价值观。通常人们感觉最快乐的时候，往往就是做那些与自己的职业价值观相匹配的工作的时候。

二、主题活动

同学们，我们终归要走上工作岗位，你是如何认识自己、定位自己的？对未来的职业又有什么样的要求与憧憬呢？

（一）情景呈现

职业价值观大卖场

当你即将毕业并面临职业选择时，一定会考虑很多因素才能确定选择哪种工作。现在让我们来做一笔交易：假设你手中有 1 万元，它代表了你一生所有的精力和时间，现在让你用它购买下表中的各种职业因素，你要把所有的资金都用完。请认真考虑，在括号中填上分配的金额。

1	工作轻松自在（　　）	10	较高的收入（　　）
2	福利待遇好（　　）	11	有较高的社会地位（　　）
3	有充足的自由时间（　　）	12	对社会的贡献大（　　）
4	早点儿参加工作（　　）	13	与自己专业相关（　　）
5	工作稳定（　　）	14	能充分发挥自己的才能（　　）
6	获得专业的培训机会（　　）	15	工作难度小、责任轻（　　）
7	受到尊敬（　　）	16	同事关系好（　　）
8	没有危险性（　　）	17	工作环境好（　　）
9	适当的休闲娱乐（　　）	18	其他（　　）

（二）讨论分享

1. 我购买的时候，第________条是最贵的，其次是第________条，再次是第________条。如果让我把所有的资金只购买一个职业因素，我会购买第________条。

全班分享：每组选一个代表上台分享感受。

活动目的：学生在活动中发现自己最在意的职业因素，慢慢发现自己的职业价值取向。在跟别人交流的时候，感受不同的人有不同的价值观。

2. 请以身边的人为例，说说他们的职业类别，并说明他们的工作内容。通过相互交流，深入理解各个职业的工作性质，引导同学们了解不同职业的特点。

小贴士：俗话说："人各有志。"这个"志"表现在职业选择上就是职业价值观。具体表现为不断地思考：哪个职业好？哪个岗位适合自己？选择某一工作的目的是什么……每种职业都有各自的特性，不同的人对职业的好坏有不同的评价和取向。

三、总结提升

（一）寻找职业自信

1. 将全班分成若干个6人小组，在组内每个人必须分别回答下列3个问题：

（1）在个人品质方面，你认为自己什么地方最好？

____

（2）在个人才能方面，你最喜欢自己的哪个方面？

____

（3）针对自己的特点，你觉得自己适合做什么样的工作？

____

2. 写完自己的问题之后，针对组内其他5个组员分别写出：

（1）在个人品质方面，你认为他/她什么地方最好？

____

（2）在个人才能方面，你最喜欢他/她的哪个方面？

____

（3）针对他/她的特点，你觉得他/她适合做什么样的工作？

____

完成后每个组员收集关于自己的评价，进一步加深对自己的认识。组内讨论分享。

活动目的：寻找自己身上的优点，加强自我认识，增进职业自信。

播放歌曲《我的志愿》，师生共同欣赏。

（二）总结激励

同学们，你有什么样的职业价值观？现在能不能概括总结出来？我们要根据自己的身心条件、家庭影响、兴趣爱好等多种因素，客观地分析自己的职业选择，使自己的职业价值观更加科学、合理，以便实现自己最大的职业价值。

四、课后拓展

请完成下表：

我十年后从事的工作的描述

我的工作	
工作内容	
工作场所	
工作场所周围环境	
工作场所周边的人群	

我十年后的生活形态的描述

婚姻状况	
家中成员	
是否与父母同住	
居住场所	
居住场所周围环境	

活动案例

梦在前方　路在脚下

职业价值观是指人生目标和人生态度在职业选择方面的具体表现，即个体对职业的认识和态度以及对职业目标的追求和向往。人各有志，不同的人因身心条件、生活经历、家庭影响、兴趣爱好等不同，对职业选择的认知也各有不同。

一年一度的学前教育专业学生的毕业双选会如期召开了，前来招聘的幼儿园和幼教机构经过严格筛选后还有 60 多家，而应届毕业生只有 100 多名需要就业，平均每个学生有 3 ～ 4 个岗位待选。站在同一条起跑线上的他们，会做出怎样的职业选择？若干年后会拥有怎样的人生呢？

2022 级毕业生梁良和方芳是同班同学，关系很好，就像一对姐妹花。在毕业双选会上经过反复对比、深思熟虑后选择了不同的单位。从此，她们的人生沿着不同的轨迹发展。

梁良，认真踏实，能吃苦，责任感强，对未来有长远的规划，希望自己将来成为一名幼儿园园长。毕业时她选择就职于某实验幼儿园。该幼儿园地处郊区，工资为 3800 元 / 月。由于离家远和工资低的缘故，大家都不愿意去。而梁良选择它的原因是：实验幼儿园拥有先进的办园和教学理念，每年能给新员工提供很多培训机会，上升空间大，园长按员工的品质和能力提拔重用。经过 5 年的努力工作和学习，现在的梁良已经成长为一名优秀教师、优秀班主任。她的未来计划是明年自考本科学历，取得教师资格证，5 年内创业开办自己的幼儿园。

方芳，任性恣意，依赖性强，不愿吃苦。在毕业之际，她表示自己想找一个工资高、离家近、能保证双休的工作。由于当时幼儿教师比较紧缺，她毕业后如愿以偿地找到了满意的工作。但由于不能吃苦，经常迟到早退，还时常与幼儿家长发生冲突，没过多久她就被辞退回家了，目前依旧在家待业。

通过梁良和方芳的工作经历，我们可以看出人们价值观是多元的，不同的价值观影响着我们的职业生涯选择。价值观与社会环境、家庭环境、他人的态度以及求学经验等都有密不可分的联系，每个人持有的价值观不同，为人做事的态度就不同，就会设定不同的生涯目标，采取不同的实现策略。所以，价值观对一个人的人生规划具有非常大的影响力，科学合理的职业价值观对一个人实现自我价值起着非常重要的作用。

由于社会需要各种职业的协调配合，每一种职业都有存在的价值和意义。同学们从现在开始就要认真慎重地分析一下自己拥有什么、需要什么、适合什么，在各种利益中，你更看重什么，你的选择标准是什么。客观认识自我、认识社会，树立正确的职业价值观，最终找到理想的工作，实现人生价值。

思考题

1. 你倾向于从事什么样的工作？为什么？

______

2. 你的父母对自己所从事的职业有什么看法？在他们的言谈中反映出怎样的职业价值观？

______

第3课 我喜欢我选择

活动背景

职业兴趣是影响人们工作满意度、职业稳定性和职业成就感的重要因素，是职业生涯规划中自我探索的一个重要方面。在种类繁多的职业面前，我们要选择出适合自己的职业类型，首先要对自己的职业兴趣有一个比较正确、完整、全面的认识。本节课旨在帮助大家通过对自己的日常行为、事件进行分析与评价，找出潜在的性格倾向和兴趣特点，从而选择出适合自己的职业类型，为在工作岗位上更好地发挥自身优势奠定基础。

活动目标

1. 正确地认识自我，发掘自己的职业兴趣和职业潜能。
2. 根据自己的兴趣方向，合理寻找适合自己的职业类型。
3. 明确自身的优势，激发内动力。

活动准备

1. 学生分为若干组，每组4～5人。
2. 学生准备：A4纸，彩色画笔。
3. 教师准备：幻灯片，4个活动区。

活动过程

一、团体热身

（一）热身游戏

享受职业快乐

活动准备：播放舒缓、轻松、柔和的音乐，在一种轻松的气氛中开始今天的活动。

游戏规则：

1. 参与者按4～5人为一组，每个小组抽取老师提前准备好的写有职业名称的小纸条。

2. 每个小组依次按照纸条提示进行表演。在表演过程中，小组成员可依据职业特点进行模仿、表演，但不能说话，而且要求每个小组成员都必须参加；其他组成员猜想表演小组所扮演的职业。

3. 如果其他组猜不出，则表演职业的小组需要加以解释说明。

（二）讨论分享

同学们自由发言，说出自己最喜欢的职业，并与大家分享自己的这份喜爱之情。

我最喜欢的职业是：________________________________

指导建议：通过此热身活动，放松自我，体验职业的乐趣，融洽团体气氛。最好将这个过程控制在5分钟之内。同时，在小纸条上写职业名称时要考虑到这个职业的特征容易用肢体表达，并且是大家所熟悉的职业，例如节目主持人、医生、护士、司机等。

活动引导：同学们，刚才游戏里有好多种职业，有大家感兴趣的，有不感兴趣的。这是为什么呢？

二、主题活动

（一）情景呈现

寻找快乐的足迹

每位同学随机选择座位坐好，列举10件你个人的“愉快的生活经历”和“喜欢的日常事物”，也可参照给出的问题来回答，并在事先准备好的纸上书写出来。

1. 平时你最爱看哪类报纸、杂志？看得最多的是哪个电视版块？你喜欢其中的什么内容？

____

2. 你最爱听的讲座是什么？其中有什么东西吸引你？

____

3. 你最喜欢学什么学科？为什么喜欢？

____

4. 你平时上网最爱浏览什么网站或网页？最爱浏览的内容是什么？

____

5. 做什么事情会经常让你忘记时间？

____

6. 寒暑假你通常都在做什么？为什么？

____

7. 平时喜欢参加哪些健身运动？为什么？

____

8. 你在学校里报名参加了哪些社团？为什么参加？

____

9. 你感觉最向往的职业是什么？这些职业的哪些特征吸引了你？

____

10. 到目前为止，你做起来感觉最快乐的事情是什么？它们的共同点是什么？

____

指导建议：提供参考的问题可以用多媒体课件展示出来，并提醒同学们回答时特别注意问题的第二部分，即“为什么”部分。帮助回忆并梳理在日常生活中有关个人兴趣的一些代表性事件，增进自我观察。因此，仔细思考和讲述的过程非常重要。

把所列举的事件，按照“与资料有关、与思维有关、与人群有关、与事物有关”分类，在下表中填写各个类型的数目。并按照所填表中数目的多少，找出数目最多的类型。

与资料有关	
与思维有关	
与人群有关	
与事物有关	

（二）讨论分享

1. 将四个小组活动区分别命名为：与资料有关、与思维有关、与人群有关、与事物有关。
2. 将数目最多的类型默认为自己的组别。例如，李广同学找出数目最多的类型是与思维有关，他的组别就是与思维有关的小组。
3. 每个同学在组内交流分享自己的体会，交流各自的爱好、特长，客观地分析自己的兴趣。
4. 每组派代表分享对自己小组所代表的事件类型的理解。

指导建议：同学们提前做好 4 个活动区的桌签，主持人以认同、尊重、关爱的辅导态度和学生交流。

活动指导：人的兴趣不同，对事物的喜好不同，会在一些日常事件中体现出来。喜欢的事情可以做得很好，不喜欢的事情会影响潜能的发挥。通过对日常事件的分析，深层次地发现每个人的兴趣方向，判断自己的职业兴趣类型，可以在就业择业时，选择适合自己兴趣、性格的职业。

三、总结提升

（一）意义解说

《职业指导师》中对“资料、思维、人群、事物”所代表的意义是这样描述的：

1. 资料：是指更多与数据、文字、文件打交道的职业，即通过观察和调研人或物获得的信息、知识和概念进行活动的职业。这样的职业，其职业活动常涉及综合、汇编、抄录、比较等职业行为。
2. 思维：是指更多与概念、定理、逻辑、数据打交道的职业，即以观察、科学分析、逻辑思考进行活动的职业。这样的职业，其职业活动通常涉及想象、推理、概括、创造性研究、非系统化的心智活动等职业行为。
3. 人群：是指更多与人打交道的职业，即为社会及他人办事或服务的职业。这样的职业，其职业活动常涉及咨询、交涉、教学、指导、娱乐、说服、讲话等职业行为。
4. 事物：是指更多与事、与物打交道的职业，即按照一定程序要求、具体的、常运用工具或机器进行操作的职业。这样的职业，其职业活动常涉及调试、精密加工、操作与控制、驾驶与操作、运用与操作、照料、进料与出料、用手操作等职业行为。

（二）重新评估

根据老师引导的“资料、思维、人群、事物”所代表的意义，同学们重新对自己“愉快的生活经验”和“喜欢的日常事物”进行分类，根据不同类型所包含的“经验”和“事件”数量，在1～5分范围内进行自我评估，根据类型间数量的差距给出1～5分。

与资料有关	1 2 3 4 5
与思维有关	1 2 3 4 5
与人群有关	1 2 3 4 5
与事物有关	1 2 3 4 5

按照上表分值的多少，找出分值第一、第二的类型。

根据第一和第二的分值，在下面的坐标图上画出坐标点。

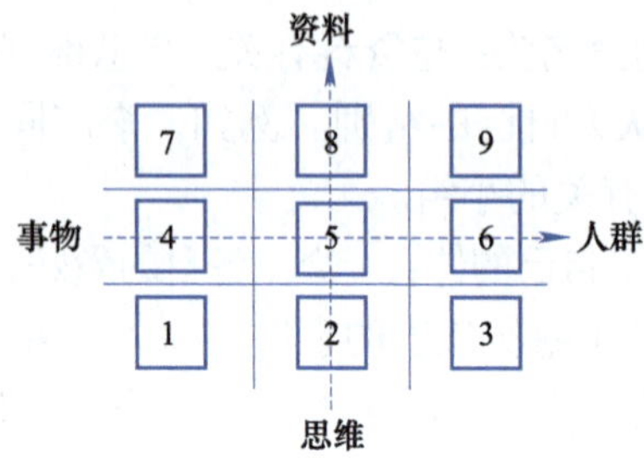

例如，张铭同学的自我评估结果是人群（5分）和资料（4分），他的坐标点落在第九类型范围内。

在自我评估时，如果不能明确地评估出得分最多的前2个类型（如出现前3个评估分相同，或第二、第三个类型评估分相同），则说明自己的职业兴趣倾向不明显，还需要在以后的学习、生活中慢慢去培养。

观察自己的坐标图，分析自己更倾向于哪种职业兴趣类型。

（三）职业选择

职业兴趣的9个类型

序号	类型	典型职业举例
1	高事物＋高思维型	动画设计师、首饰设计师
2	高思维型	家庭健康顾问、园林规划建造师
3	高人群＋高思维型	心理咨询师、节目主持人
4	高事物型	提琴制作工、面点师
5	所有特征均不明显型	冷拉丝工、输油工、配料工
6	高人群型	民航乘务员、列车员、导游员
7	高事物＋高资料型	IT硬件维护技术师、组合机床操作工
8	高资料型	速录师、货运核算员
9	高人群＋高资料型	企业经理、科研单位负责人

分享收获：对照上表找出适合自己的职业类型，在小组内互相分享是否符合自己的预期，并谈谈自己的感想。

大家憧憬一下未来的职业生活，并对此畅所欲言。

指导建议：了解到自我职业兴趣后，对应自己喜欢的、适合自己的职业类型，请挖掘自己的潜能，发挥自己的最大优势朝着目标努力。

（四）总结激励

工作是维持幸福生活的前提，兴趣是工作最好的原动力，所以要找到感兴趣的工作，找到自己能够发挥潜能的工作，人们才会更容易得到精神的满足感、生活的幸福感，才会更有激情、更有创造性地工作。因此，一定要科学合理地评估自己的职业兴趣，选择一个自己喜欢的、适合自己的职业。

四、课后扩展

职业兴趣的形成受很多因素的影响，是一个从有趣到乐趣再到志趣的发展过程，具有可培养性。随时间推移，依据喜好、兴趣发生变化的情况，再次绘制人生坐标图。大家在班内交流讨论：为什么有的同学的兴趣会有变化？为什么有的同学没有变化？职业兴趣是否受到影响？如何培养自己的职业兴趣？

活动案例

兴趣是最好的老师

爱因斯坦说：“兴趣是最好的老师。”每个人都会对自己感兴趣的事物给予关注并积极地探索，表现出心驰神往。例如，对美术感兴趣的人，对各种油画、美展、摄影都会认真观赏，对好的作品进行收藏、模仿；对音乐感兴趣的人，耳朵会随时捕捉好听的音符，随口哼唱……兴趣是指一个人对一些人、事物有一种特别的偏爱、关心，愿意去做、去探究的态度，在从事这项活动时有愉悦的感觉和满足感。

兴趣与职业呈正相关，它对工作的影响是很大的。如果我们喜欢自己的工作，那么，对于工作的目标、内容、方式以及所取得的成就，会有较大的兴趣和满足感。因此，在选择工作时一定要考虑我们是否喜爱，对于职业角色定位是不是肯定的、能接受的，我们是否喜欢这种工作方式以及这种工作带来的生活方式。稳定的职业兴趣能大大激发我们敬业、乐业的积极性和自觉性，帮助我们更好实现自己的职业价值。

张晓帆从小就喜欢画画，她的理想就是成为一名画家。现在晓帆就读于某中职学校平面设计专业，因为她对美术的浓厚兴趣，在平面设计的专业课学习中有得天独厚的条件，所以入学不久她就崭露头角，办板报、画墙画样样领先。这也增强了她对专业学习的自信，再加上本人刻苦努力，有着一股钻劲，她作为优秀选手参加河北省中等职业学校技能大赛荣获了一等奖第一名的好成绩。中专毕业后，晓帆考入大学继续学习，在大学期间成立了两个工作室，一个是设计工作室，一个是游戏工作室。虽然现在她还不是一名画家，但只要她的职业兴趣不减，多样的职业选择就会眷顾她，相信理想终会实现。

从张晓帆的例子我们可以看出，职业兴趣对我们的职业发展和人生价值的实现是多么重要。如果一个人选择的职业能够与他（她）的兴趣相符合，就容易产生源源不断的内动力，即便废寝忘食也乐此不疲；同时还要接受职业技能培训，提升专业知识素养，即使今后在工作中遇到困难和挫折，也有勇气与毅力来面对问题，突破难关。因此，在这种情况下，一个人的潜能更容易被激发，他（她）的生涯发展也就更容易成功，更容易令人产生成就感。

但并不是所有的同学都像张晓帆这样幸运，恰好专业对口，恰好从事的是自己感兴趣的工作。我们还要有这样的认识：兴趣是可以培养的。有的同学可能因为种种原因，刚开始不能从事自己感兴趣的工作，但本着对工作负责的态度，我们最好努力去培养自己的兴趣，以便积累更多的岗位经验。机会是留给有准备的人的，一旦有合适的机会，我们就会在高起点上重新选择自己感兴趣的职业。

思考题

1. 兴趣与职业的关系是怎样的？

2. 如何让兴趣在职业中更好地发挥作用？

第 4 课　描绘多彩人生

活动背景

在人生的不同阶段，扮演不同的角色，承担不同的责任，提前做出规划可以实现“预则立”。中职生正处于人生规划的重要时期，本节课通过绘制生涯彩虹图来引导同学们了解人的生命周期，认识自己所承担的责任，正确地分析自我、认识自我、设计自我、提高自我，树立自己的人生目标，科学合理地分配自己的时间和精力，做好不同阶段的生涯规划，在长期的学习、实践中不断积累实现自己人生目标所需要的知识、技能，不断提升综合素质，真正描绘好自己的生涯彩虹。

活动目标

1. 认识自己在不同时期所承担的生涯角色，学会科学理性地安排生涯规划。
2. 通过绘制生涯彩虹图，认识在人生不同阶段应有的生涯安排。
3. 增强对自我、对家人、对社会的责任感，培养团结协作的精神。

活动准备

1. 学生分为若干组，每组 6 ～ 8 人。
2. 学生准备：彩色画笔。
3. 教师准备：黑白的彩虹图（每人 1 份），轻音乐，幻灯片。

活动过程

一、团体热身

（一）热身游戏

角色转换

请同学们围圈而站，听从主持人口令做游戏。

当主持人说到“我们 3 人去上学”时，同学们快速地 3 个人组在一起；当主持人说到“我们 4 人去旅游”时，同学们快速地 4 个人重新组在一起；当说到“我们全家 5 人一起去野炊”时，同学们就 5 个人重新组在一起；接着，主持人说到“我们 6 人一起开公司”时，同学们就6个人重组在一起……

指导建议：通过此活动，活跃团体气氛，主持人下达口令要快，要跟人生不同阶段的角色相关，口令最好在4～5个。按6～8人为一组来分组，请同学们按最后组成的小组坐到指定位置。

（二）讨论分享

从游戏中可以看出，去上学、去旅游、全家去野炊、开公司，这些都是我们在人生不同阶段可能要做的事情，除了学生、休闲者、家庭成员、工作者的角色，我们一生中还会担任哪些角色呢？请同学们回答。

小贴士：同学们，人的一生中会在不同的时期扮演不同的角色、分配不同的时间精力，这些不同的时段就构成了我们的生涯彩虹。那么，这节课就请同学们一起来描绘一下自己的生涯彩虹。

二、主题活动

（一）情景呈现

观看生涯彩虹图

用投影展示一道美丽的彩虹，同时播放舒缓的音乐，让同学们静静地聆听。音乐结束后，请同学们分享：面对彩虹，你想到了什么？

我们每个人的一生犹如一道美丽的彩虹，彩虹圆弧的走向是时间轴，代表了成长的历程；彩虹的每个纵向层面是人生的每一个定格，在这个时刻，我们所承担的各个角色便如彩虹图上的每一种颜色。这些角色如儿童、学生、休闲者、公民、工作者以及持家者等，都包含着在人生过程中我们必须要面对和承担的责任。

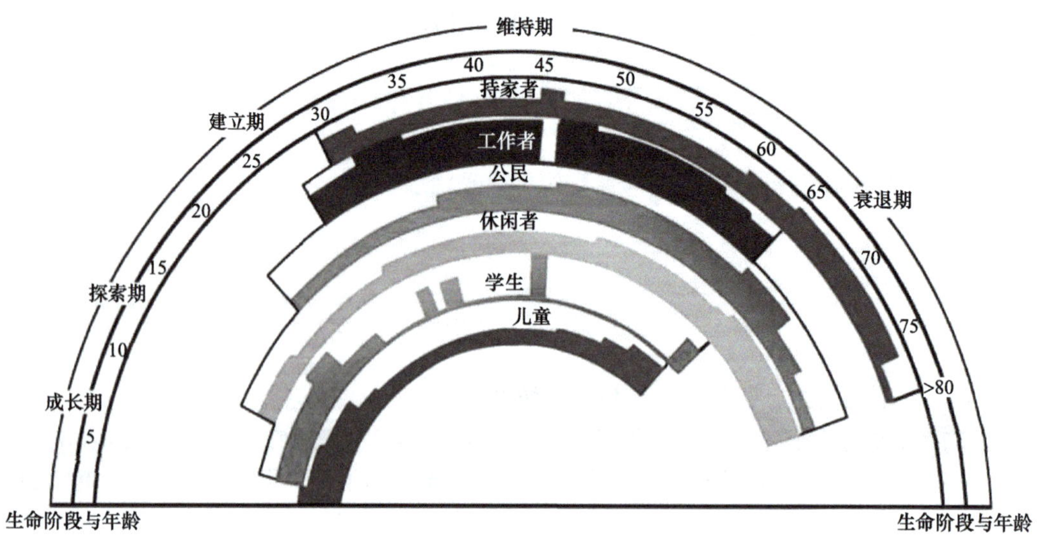

现实中的彩虹，每条色带都是贯穿始终的。在我们的生涯彩虹中，每种角色延续的时间阶段不同，不同时期所承担角色的重要程度也不同，所以我们的生涯彩虹更加丰富多彩。图中所展示的就是某个人所独有的一道绚丽的生涯彩虹。

了解生涯彩虹图

美国著名职业生涯规划大师舒伯提出了生涯发展理论，将生涯发展阶段划分为成长、探索、建立、维持和衰退 5 个阶段，之后他更是提出一个新的观念——生涯彩虹图。

（1）生活广度。生涯彩虹图代表人的整个生命周期，根据年龄和发展阶段分成 5 个时期：成长期（相当于儿童期）、探索期（相当于青春期）、建立期（相当于成年前期）、维持期（相当于成年后期），以及衰退期（相当于老年期）。

生涯阶段	青年期（14 ～ 25 岁）	成年期（26 ～ 45 岁）	中年期（46 ～ 65 岁）	老年期（65 岁以上）
成长期	发展适宜的自我概念	学习与他人相处	接受自身的限制	发展非职业性的角色
探索期	了解更多的机会	寻找心仪的工作机会	辨识新问题并设法解决	寻找合适的退休处所
建立期	在选定的领域中起步	在一个选定的工作上安顿下来	发展新的技能	从事未完成的梦想
维持期	验证目前所做的职业选择	致力维持工作的稳定	巩固自己以面对竞争	维持生活乐趣
衰退期	减少休闲活动的时间	减少运动的时间	专注于重要的活动	减少工作时间

（2）生活空间。彩虹图的纵向层面代表的是生活空间，主要包括职位和角色。舒伯认为人在一生中应当扮演儿童、学生、休闲者、公民、工作者、夫妻、家长、父母和退休者 9 种主要角色。

彩虹图最里面的一层是儿童的角色。早期作为儿童享受父母的关爱和教育，随着年龄的增长和心智的成熟，成为父母的助手；在父母年老之后，则要开始多花费一些心力陪伴父母、赡养父母。

第二层是学生角色。一般从 6 岁开始，学生角色占主导地位，20 岁以后大部分人则退出这个角色，25 岁以后学业基本终止。但在 30 岁以后，学生的角色又出现，特别是 40 岁左右学生的角色又占据了大部分的生活空间，但 45 岁又会完全消失，直到 65 岁以后。这源于社会的快速发展：学生在离开学校、工作一段时间之后，需要及时“充电”来满足工作的需要。

第三层是休闲者的角色。这一角色在前期比较平稳，占据的生活空间比较少，但是到了五六十岁以后迅速增加，这是我国退休制度的缘故。

第四层是公民。这个角色承担着国家、社会、家庭的责任，享受法律规定的权利和义务。

第五层是工作者角色。学业完成后，就要开始参加工作，直到其退休。这个角色将成为人一生中最重要的角色，占据相当大的空间，也对其他角色有着重要影响。

第六层是持家者的角色。这一角色包括夫妻、父母、祖父母、外祖父母等不同关系，是一个人在社会最小单元中的重要角色。

以上各种角色是相互影响、相互作用的，一个角色的成功，能够促进其他角色发展，早期角色是后期角色发展的基础。同样，一个角色的失败也会影响其他角色的发展。只有平衡协调好各个角色的关系，才能绘制出美丽的生涯彩虹图。

（二）讨论分享

生涯彩虹图不仅仅是一张简单的图，它能让我们深入地分析过去，反思自己的生涯规划现状。通过刚才的学习，你获得了什么启示？

____

小贴士： 我们要清楚地了解人生每个发展阶段的特点，在不同的发展阶段中，我们所承担的角色以及承担角色的分量都在不断地发生着变化。运用彩虹图来规划自己的人生，促进未来角色的发展，科学地规划职业生涯，就是我们所面临的生涯任务。所以每位同学要根据自己的客观条件，不断地了解和探索，更好地规划自己的生涯，使自己的人生更加完美。

三、总结提升

（一）绘制生涯彩虹图

请同学们在事先准备好的空白的彩虹图上，根据自己在不同的生命阶段所扮演的角色，以及承担这些角色时所投入的精力和时间，选择你认为最能代表各种角色和反映你情感的颜色，描绘属于你自己的生涯彩虹图。

绘制方法： 用不同的颜色来表示不同的生涯角色，颜色面积越大则表示该角色扮演的时间越长，空白越大表示该角色扮演的时间越短。生涯彩虹图主要是对人生中所要扮演不同角色的分配和规划，描绘自己的人生蓝图，做自己人生的导演。

指导建议： 需要提前准备好黑白的生涯彩虹图并发给同学们，绘图时间为10～15分钟。在绘制过程中，主持人需要到各个小组进行指导、观察，不必给出过多的意见和干预，让大家自主活动。

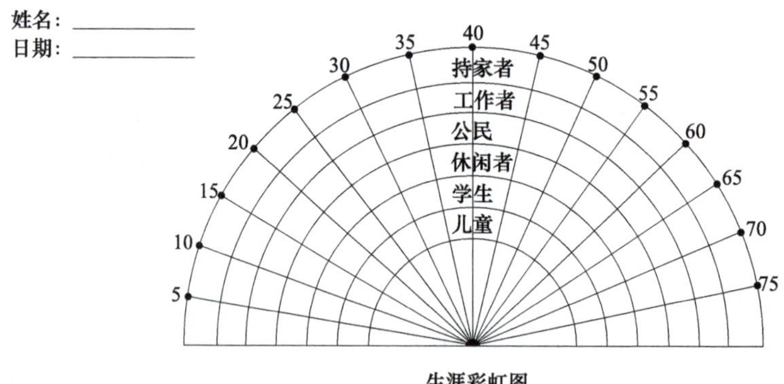

生涯彩虹图

（二）讨论分享

1. 组内讨论交流

（1）你是如何绘制自己的生涯彩虹图，分配一生的角色的？

____

（2）在生涯的广度上，不同角色的面积大小有什么区别呢？为什么会有这些差异？

进一步讨论：

（3）生涯彩虹图给你什么启示？

---

2. 展示分享

（1）先让同学自由展示自己绘制的生涯彩虹图。

（2）请各组派代表分享本小组在绘制生涯彩虹图中共同关注的问题，以及分享由此得到的启发。

（三）总结激励

通过绘制生涯彩虹图，我们对人生的过去和未来有了更加清晰的认识。按照人生发展的一般规律，科学地规划自己的生涯，有助于实现完美的人生梦想。相信同学们在不断充实、完善“我的生涯彩虹图”的基础上，能够不断完善自我认知，制订出合理的生涯规划。

四、课后拓展

推荐阅读：《创造孩子生命中的彩虹》

作者以自己的亲身经历，阐述了积极健康的心理和生命教育的内涵与意义。该书从培养孩子的品格出发，在人与己、人与人、人与环境、人与宇宙之间展开对话。翻开此书，你收获的将不仅仅是对阳光心理的认识，更有对家庭、对人生的深刻理解与感悟。

活动案例

扮演好自己的角色

莎士比亚曾经说过，“人生就像一个大舞台，每个人都有自己所要扮演的角色”。我们做好人生规划之后，就要在不同的阶段扮演好不同的角色。如何演绎自己精彩的人生，就看你是怎样成功地扮演好每一个角色的。

作为一名中职学生，我们的角色任务是学好专业知识，掌握职业技能，在应聘的时候，能够在众多求职者中脱颖而出，争取找到一份满意的工作。就业之后，我们的角色任务是爱岗敬业，干一行、爱一行、钻一行，有创新意识和创造精神，不断提升自己的岗位能力。

马强是电子专业的毕业生，在校期间，他勤奋好学、不懂就问，课余时间经常在实训室里练习电子产品的装配与调试，在全国职业院校技能大赛中职组比赛中获得个人一等奖，在毕业双选会上，直接被大型企业签约录取。在刚参加工作的两年中，他并没有把过去取得的成绩当作资本，而是把自己当作一名新学徒，虚心向老师傅请教，认真钻研，业务能力得到飞快提升，并被提升为车间技术主任。在一次给大客户安装调试设备期间，他发现家庭取暖领域存在巨大商机，在国家“大众创业、万众创新”政策鼓舞下，马强毅然辞职创业。

在克服了资金不足、产品知名度不高、技术人员匮乏等重重困难之后，他的公司成为当地家用取暖设备制造企业的领头羊。马强也由一位普通技术工人成长为一名知名企业家。马强同学能取得如此成绩，得益于他对自己人生角色的准确把握和自身角色的不断提升。

从马强的经历中我们可以学到以下几点：

首先，准确定位。社会是一个大舞台，我们是社会中的一员，都在为人类社会的进步贡献着自己的力量。不管你是什么学历、什么岗位，每一个角色都有存在的价值，都承担着自己的责任。只有找准自己的定位，选好自己的角色，才能最大限度地发挥自己的潜能，为社会做出应有的贡献。

其次，不断提升。中国已经步入社会主义新时代，作为新时代的青少年，更需要我们在人生的舞台上，闻鸡起舞，勤学苦练，锤炼自我，提升自我，逐步实现自己心中的梦想。

最后，德技双馨。扮演好自己的人生角色，不仅需要精湛的演技，更需要良好的职业素养，无论是主角还是配角，我们都以真诚的态度和认真的精神去扮演，我们的生活才能更美好，工作更顺利，家庭更和睦。

人生能否精彩，主要是自己能否竭尽所能地扮演好角色，不断提高自身的"演艺水平"，演好自己，你就是人生舞台的"名角"。

思考题

1. 心有多大，舞台就有多大。你心中的"舞台"是什么样子的？

____

2. 你是如何扮演好自己的角色的？

____

第 5 课　规划职业生涯

活动背景

职业生涯规划是生涯规划的一项重要课题。我们已经逐步度过了职业生涯发展的成长阶段，进入探索阶段。本节课旨在启蒙同学们职业生涯规划的意识，在活动中提高大家对自我和职业环境的认知能力，以及对职业生涯的规划能力，能够让大家做自己职业生涯问题的解决者和职业生涯规划的决策者。

活动目标

1. 增强自我认知能力和对职业环境的认知能力，提高确立职业生涯目标和对实施过程进行管理的能力。
2. 激发对职业生涯规划的兴趣，培养解决生涯问题的能力。
3. 树立正确的职业意识，坚持自己的职业生涯发展目标并为之付出行动。

活动准备

1. 学生分为若干组，每组 6 ～ 8 人。
2. 学生准备：A4 纸若干，笔。
3. 教师准备：轻音乐，幻灯片，6 ～ 8 个眼罩，活动卡。

活动过程

一、团体热身

（一）热身游戏

盲 人 作 画

同学们，我们每天用眼睛来观察世界，并在视觉的指引之下有条不紊地学习和生活。现在，我们来进行一个“盲人作画”的游戏，体验和感受自己在没有目光指引之下的行动能力和对行动的控制能力。

活动规则：给每名同学分发一份纸和笔。在带上眼罩前，同学们将自己的名字写在纸的一面。然后把纸张翻过来，空白的一面向上放在桌子上。用眼罩将所有队员的眼睛蒙上。请每位同学蒙着眼睛在纸上画一个自己熟悉而且喜欢的东西，尽可能地具有自己的特色，但是不要用文字表述或使用其他特殊记号。

收取同学的画之后，请同学们摘下眼罩。

（二）讨论分享

随意抽取10～15张画，分享同学们笔下各种“奇特”的杰作。请同学们认领自己的画。

提问：

1. 当眼睛被蒙上的时候，所完成的画还是不是像我们期望的那样？

______

2. 有多少张画能够被它的主人认出是自己画的？

______

小贴士：同学们有没有从中发现，当我们失去目光指引的时候，我们的行动与我们所想的目标有着很大的距离。由此可见，有控制力的行动才能达到预期的目的。

二、主题活动

（一）情景呈现

向榜样学习

在我们每个人的成长过程中，总有一些人给我们带来正能量，对我们产生特别好的影响。同学们，在你的心目中谁是让你钦佩和愿意学习的榜样呢？把他们的共同特点用几个字或几个词概括出来，然后书写在纸上。

（二）讨论分享

小组的每个成员轮流告诉小组其他成员自己偶像的名字和偶像的简单情况，并向小组其他成员汇报以下全部或其中的几个问题：

1. 你觉得他们的生活好在哪里？______
2. 你希望自己的生活过得像谁那样？______
3. 你现在生活中的哪几点像他们？______
4. 你有没有成为他们那种人的可能性？如何做才能达到他们那样的状况？

______

小贴士：从同学们所谈及的榜样中，可以看到同学们对未来有着美好的憧憬。但是我们的憧憬是不是符合自己的实际情况呢？可不可以实现呢？离开清醒的认识和切实可行的规划，如同蒙着眼睛作画，我们所留下的人生轨迹可能会与我们的预期产生很大的偏差。人生是条单行道，容不得重新来过。进行有效的生涯规划，是同学们为自己树立灯塔、明示前行航道的有效方法。

三、总结提升

职业生涯规划，又叫职业生涯设计，是指在对一个人职业生涯的主客观条件进行测定、分析、总结的基础上，对这个人的兴趣、爱好、能力、特点等进行综合分析与权衡，结合时代特点，根据这个人的职业倾向，确定最佳的职业奋斗目标，并为实现这一目标做出行之有效的安排。职业生涯规划可以让同学们明确预期的职业目标，自觉地按预期目标的要求开发潜能，提高综合素质。

（一）职业生涯规划的主要步骤

1. 认识自己，了解自己，接纳自己

认识自己，可以从很多方面入手，其中包括不断去认识自己的兴趣、爱好与特长、性格、能力、价值观、个人目标与需求、个人生理与健康情况、工作经验、社会阶层与受教育水平、性别、年龄、负担状况、学识、技能、智商、情商、思维方式等。

在此基础上，同学们不妨问自己几个问题，并写下来：

我是一个什么样的人：________________

我的优点是：________________

我的不足是：________________

我想做：________________

我能做：________________

我应该做：________________

2. 充分认识自己所处的环境

同学们可以从学校环境、社会环境和家庭环境三个方面入手，来逐步完成对职业生涯环境的了解。

学校环境：专业的发展和课程设置、学校提供的各种软硬件设施以及各种资源等。

社会环境：社会对岗位的需求、各种政策及法律法规、职业的社会评价等。

家庭环境：经济状况、人为因素、区域因素等。

对以上问题进行梳理后，同学们尝试着将分析的结果写下来：

我所拥有的学校环境：________________

我所拥有的社会环境：________________

我所拥有的家庭环境：________________

3. 职业定位

职业定位就是要为职业目标与自己的潜能以及主客观条件谋求最佳匹配。将个人的条件与想要从事的职业岗位要求相比较，可以帮助个人寻找与其条件较为一致的职业，最终达到人与职业的最佳匹配，实现人职匹配的和谐就业。

结合第一个步骤和第二个步骤，尝试着给自己的职业目标进行一个定位。

我的职业定位：________________

4. 确定短期、中期和长期目标

不积跬步，无以至千里；不积小流，无以成江海。同学们，将自己的目标进行分解并填写在下表中。

时间	职业目标
短期（1年左右）	
中期（2～3年）	
长期（4～5年）	

同学们可以在小组内进行简短的讨论，分享一下每个人的近期目标、阶段目标和发展目标。

5. 制订实现职业生涯目标的行动方案

用行动落实规划，在行动中不断实现每个目标。短期目标是千里之行的第一步，对于同学们尤为重要。职业目标内容包括树立哪些培养目标、参加什么活动、获得什么证书、参加何种社会实践、有什么样的计划等。

小组成员进行交流，看看大家都能为自己的职业生涯发展做些什么规划。

我在小组交流中的分享是：

____

6. 评估与调整

以一切对自己负责为原则及时对自己的行动进行调整、完善、总结，对自己的职业生涯目标进行管理，可以使同学们在职业生涯道路的前进方向上越来越靠近自己的职业目标。

（二）总结激励

同学们已经了解了制订职业生涯规划的方法和步骤，并进行了初步的尝试。对比在本节课开始时所做的“盲画”的游戏，同学们有什么联想和感想呢？

职业生涯规划可以激发同学们发展职业生涯的内动力、不断地接近职业目标，践行一种行之有效的目标控制和目标管理方法。目标控制和目标管理方法的习得，可以很大程度地提高同学们的个人素养。

职业生涯规划不拘泥于以上几个步骤，也可以进行融会变通，但是基本方法和基本思路保持不变。需要特别提醒同学们的是，不要忽视职业生涯规划的“评估与调整”环节。职业生涯规划不是一劳永逸的事，必须不断地评估和调整、不断地修正。也许在起点和终点之间，我们走过的不是一条直线，但是不断地规划和修正规划，会保证我们不偏离航道，不断地接近最优化的职业生涯。

四、课后拓展

按照职业生涯规划的几个步骤，整理活动卡上填写的内容，搜集资料并做进一步的分析，撰写一份职业生涯规划书，并用这份职业生涯规划书激励自己向着目标不断前进。

活动案例

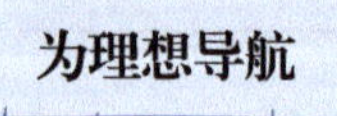

为理想导航

——一名中职生的《职业生涯规划书》

温珊珊是一名中职学前教育专业的学生。

在职业生涯规划指导教师的引导下，她利用所学的职业生涯规划知识，对自己的职业发展做出了规划，撰写了自己的《职业生涯规划书》。她的职业生涯规划，主要包含以下部分：

1. 自我认知

在这部分，温珊珊同学通过“自己眼中的我”“360度评估了解自我”“职业能力盘点”进行了自我认知，并依此对自己进行了自我分析小结。她认为自己性格外向、热情、机敏、健谈、有活力，乐于帮助他人，喜欢小朋友，且善于与人沟通交流。

2. 职业认知

温珊珊对家庭环境、学校环境、职业环境进行了分析。其中尤为重要的是，她对她所锁定的幼儿教师职业进行了详尽分析，包括目标行业分析、目标岗位分析、目标地域分析、目标企业分析等。

3. 职业定位

知己知彼，百战不殆。在前两个环节的基础上，温珊珊将自我和职业融合在一起，利用“SWOT 分析法”，进一步明确了自己的目标职业和职业发展路径。

最终，她明确了自己的职业定位：幼儿教师或幼儿教师培训师。

4. 实施策略

制订实施策略的关键是制订实施计划。实施计划包括短期目标实施计划、中期目标实施计划和长期目标实施计划。

5. 评估调整

职业生涯规划明确了温珊珊同学的职业目标和行动计划。同时，温珊珊同学也认识到在某些情况下会出现“计划不如变化快”的状况，所以要做好在计划实施的过程中不断丰富自己的知识和技能、多方面提高自己的能力、适时调整计划的准备。

温珊珊同学制订职业生涯规划的过程，是对自己的性格、职业兴趣、职业价值观等方面全面认识的过程，也是更加深入地了解了目标职业岗位特点、能力要求以及未来发展路径的过程，在此基础上她制订了短、中、长期实施计划，并把评估和调整也作为规划的一部分。

职业生涯规划的制订，培养了温珊珊同学的自我认知能力、职业和岗位分析能力，增强了她行动的力量和自律的决心，为她的成长提供了正能量，为她的职业生涯发展提供了导航。

思考题

1. 一个完整的职业生涯规划有哪些环节？你认为哪个环节对你来说更为重要？

____

2. 请你为自己制订一份《职业生涯规划书》。

____

单元实践活动

活动任务

开展“走进社会，体验职业”活动，赴相关单位开展为期一周的实践活动，主动融入职业活动中，深入体验职业生活，感受职业的乐趣和困难，完善自己的生涯规划。

活动指导

1. 利用暑期或者寒假完成实践任务。
2. 分成若干职业体验小组，提前与实习单位进行联系，为体验活动做好准备工作。
3. 实践活动后及时组织交流总结会。
4. 根据自己的实践活动撰写一篇心得体会。

活动反思

____

____

____

____

第六单元　感悟与珍爱

单元目标

维护和谐的生存环境

和谐社会是提高人的生活品质和生命质量的必要条件。和谐社会既要求人与人之间的和谐，也要求人与自然之间的和谐。在经济高速发展的同时，人类的生存环境也面临着一系列的问题，自然灾害、疾病瘟疫、毒品泛滥、日益恶化的环境等不仅危及社会的和谐稳定，影响经济社会的可持续发展，也严重危害人类的生命安全。严酷的现实在警示人类，重视人与自然的和谐共处，重视资源和生态环境保护，社会才会持续发展，人类生活品质才会提高。因此，维护生态和谐，增强保护意识，维护生命安全，提高生命质量，是构建人类与自然的和谐、人与人的和谐的基础，也是关系人类生存与发展的根本。

本单元活动目标是：引导学生快乐生活，实现自我和谐；正确面对死亡，树立科学、健康的死亡观；热爱生命，远离艾滋病和毒品，增强抵御不良诱惑的意识，增强自我保护意识；从小事和自我做起，保护生态环境，保护和改善自然，顺应自然规律，实现人与人、人与自然的和谐发展；改善生存的状态，提高生命的质量。

第1课 生命的归宿

活动背景

哲学家黑格尔说："生命本身即具有死亡的种子。"死亡是生命历程中自然的一环，也是生命的最后归宿。很多人避讳谈死亡，或因习俗或因内心恐惧，感觉不谈论它就是最好的防御。但如何对待行将离开的亲人、如何对待自我之死却是我们无论如何都绕不开的问题。我们探究生命的归宿，目的就是要帮助大家正确面对自我之死和他人之死，正确认识生、老、病、死等生命现象，懂得尊重和关爱自己和他人的生命；树立科学、合理、健康的生命观；消除对死亡的恐惧、焦虑等心理现象。生要活得精彩，死要坦然面对。

活动目标

1. 认识死亡是一种自然现象，能够正确面对死亡。
2. 感受人生的精彩、生命的可贵。
3. 建立珍惜生命、珍爱生活的价值观。

活动准备

1. 学生分为若干组，每组6～8人。
2. 学生准备：A4纸，笔。
3. 教师准备：汶川地震纪录片；电影《非诚勿扰2》视频片段；介绍《花田半亩》图书作者幻灯片。

活动过程

一、团体热身

（一）热身游戏

生命的最后一天

游戏规则：

大家伸出10个手指头，假如这10个手指就是人生的100岁。

首先，去掉自己的年龄，再去掉三分之一的睡眠时间，看看还有几根手指头伸直着呢？你的剩余生命还有__________年，还有__________天。

（二）讨论分享

1. 这个热身游戏给你的感受是：

____

2. 想象一下你的生命只剩下最后一天的情景，你还有什么愿望？还有什么遗憾？

____

3. 你想对家人、朋友说的话：

____

小贴士：生、老、病、死都是正常的生命现象，能快乐生活每一天，也要坦然面对死亡。生命是有长度的，只有珍惜生命，临终前才不会留下遗憾。

二、主题活动

（一）情景呈现

影 视 回 放

1. 播放汶川地震纪录片。本片记录了汶川地震时灾难的无情、生命的脆弱、生者失去亲人的痛苦。

2. 播放《非诚勿扰 2》中李香山的人生道别会。导演用别样的方式展现李香山人生的终结，李香山面对死亡的淡定，朋友调侃的追思使充满悲伤的道别增添了浪漫。

（二）讨论分享

1. 两部片子有哪些共同点？

____

2. 汶川地震纪录片中，生者是如何面对亲人死亡的？

____

3. 《非诚勿扰 2》中，面对李香山的“人生告别会”，他的朋友们的表现有哪些不同？

____

4. 李香山有怎样的人生观？他怎样看待死亡？

____

各小组讨论问题，一名同学记录讨论结果，讨论结束后各组分享本组的讨论结果。

小贴士：两部片子都展示了人生的终结——“死亡”，但死亡的方式不同。汶川地震展现的是天灾的无情，李香山的死亡是生老病死自然终结。面对亲人、朋友的死亡，哭泣是可以有的，但对生的救助、对死的坦然也是必须要有的。

三、总结提升

（一）典型案例

田维的人生故事

田维 15 岁时被确诊患上绝症。从得知病情开始，一直到离世前一天，她都在坚持写作，每一篇文字都是一个感恩的故事。当得知这种病尚属世界医学难题，中国有很多患病的少儿因为无钱医治而死亡时，她就给自己的选修课老师、人大代表梁晓声写了一封求助信：“如果梁老师提交一份议案，政府能设立一项基金，患这种病的孩子就有希望了。”其作品

《花田半亩》被梁晓声先生称为“一部写在制高点上的‘80代’的心灵史”。21岁就离开人世的女孩田维，让无数网友自发为她建立一个又一个纪念堂，让无论年轻或是年长的读者都热泪长流。

讨论分享：面对死亡，田维是如何做的？作为中职生，我们应该怎样面对“死亡”？你有什么感受与大家分享？

____

（二）我的墓志铭

墓志铭是人在死后，写在墓碑上的对此人生平言行的概括。墓志铭一般有两种，一种是自己写，一种是别人写。现在，请尝试着自己给自己写一段墓志铭。以下是几段名人的墓志铭以供参考。

大文豪萧伯纳的墓志铭：我早就知道无论我活多久，这种事还是会发生。

作家海明威的墓志铭：恕我不起来了。

好莱坞著名影星玛丽莲·梦露的墓志铭上有几个数字：37、22、35。经过研究印证，这分别是她的胸围、腰围和臀围的英寸数。可以看出死者生前爱美的心愿。

现在，请写下你的墓志铭，总结你的一生。

同学们，正因为我们无法预知死亡的时间，所以我们才要好好地活着。人生何其短，大家觉得自己的一生应该怎样度过，到离开这个世界的时候才能不留遗憾？重新审视我们的人生，珍惜光阴，树立目标，根据认知变化来调整我们的人生定位。

（三）总结激励

人必有一死，既不必忧伤恐惧，更不必无知等死，要懂得珍惜自己年轻的生命，珍爱生活。真正的奇迹和勇气恰恰发生在认真对待现实生活中的分分秒秒，不断用有限的生命创造无限的价值，帮助更多的人更好地生活。只有明白了自身的力量，不再如溺水的人那样因恐惧而挣扎，就能找到让自己好起来的心灵力量。

四、课后拓展

推荐影片：《临终囧事》

《临终囧事》通过黑色幽默、惊悚悬疑的包装，讲述一个温情的文艺故事：牛小波出生在一个棺材世家，小时候因一场荒诞的事故，他永远失去“笑容”，幸好一直生活在农村，简单的环境没让他觉得不会“笑”是一件多么严重的事情。长大后他努力走出大山，离开养大他的棺材铺，到外面的世界去闯荡，却还是不得不进了殡仪馆工作，在殡仪馆中小波见证了人生百态，从一个殡仪馆杂工的视角出发，对亲情、友情、爱情进行了重新理解。

活动案例

笑对死亡，珍爱生命

“生”代表着新个体的产生，给人带来希望；但“老”却是和疾病、死亡连在一起的，常给我们带来痛苦和不同程度的心理压力与困扰，是我们不愿接受的。生老病死是人的一生中很自然的现象，我们每个人都要面对。生老病死是一种自然规律，无论你接受与否，它依然循环着，我们无法改变，只有去主动适应，树立科学、合理、健康的死亡观，坦然面对，才能活得精彩。

茜茜是中职学前教育专业二年级学生，家中独女，性格安静、懂事，是班里的卫生委员，与周围同学及舍友相处融洽。她父母离异，从小跟奶奶一起长大。在期末考试前夕，奶奶因病去世。回到学校后，她上课注意力不集中，作业不能有效完成；课下情绪低落，独来独往，回到宿舍一直睡觉。舍友还反映，她最近特爱说梦话；打扫卫生时，经常愣神，完成质量差。她找班主任诉苦，想退学，无心学业。据了解，不少中职生是跟老人长大的，和老人有很深厚的感情，但对于老人的生病尤其是死亡不能接受。一旦老人去世后，他们通常表现为每天生活在回忆里，从此对周围的一切不再关注或者万念俱灰。

那么，我们该如何帮助像茜茜这样的同学尽快地走出哀伤并重新振作呢?

首先，关注情绪，表达思念。生死离别是人生最大的伤痛，心理学认为丧亲者出现悲痛哀伤都是正常的情感体验。我们要共情学生的感受，倾听他们对逝去亲人的思念，鼓励他们把内心的痛苦宣泄出来，释放不良情绪，让积压在心里的内疚、自责、遗憾等情绪得到宣泄。

其次，积极关注，朋辈支持。老师和同伴的关怀支持是最能温暖心灵的良药。老师要与学生多多沟通，主动关心，积极引导；同伴之间相互理解、相互信任，给予帮助和关怀，抚慰受伤的心灵，帮助她们尽快走出阴霾。

最后，接受现实，重新开始。我们每一个人都要经历生老病死，无论是什么原因导致死亡，它已经成为现实，我们无法改变。既然无法改变，就应该学会坦然接受，多想想死者对自己的期望，努力去完成那些期望。这样，内心有了向上的动力，理智战胜情感，身心恢复常态，从而以坚强的毅力面对现实，开始新的生活。

所以，只有珍惜现在所拥有的，努力做好自己，并向亲人所期望的方向去发展，去实现更好的自己，才无愧于亲人对我们的关怀和爱护，才无愧于自己的一生。

思考题

1. 你或者周围的同学有没有亲人离世的情形，是否遇到困扰？他们是如何走出来的？

______

2. 在周围朋友和同学的亲人去世后，你应该如何帮助他们尽快走出困境？

______

第2课 为爱防“艾”行有度

活动背景

艾滋病是一种恶性传染疾病，它会造成人体免疫系统损伤，导致免疫系统防护功能降低和丧失。数据显示，我国感染艾滋病病毒人数已超百万，且青年学生的占比在逐年增加，青少年成艾滋病高发人群。艾滋病传播的主要途径包括血液传播、母婴传播和性接触传播。本节课旨在引导同学们了解艾滋病的传播途径，学会正确处理与他人的情感关系，掌握与他人交往技巧，学会表达拒绝，了解与两性关系有关的法律知识，增强保护意识，使自己的心理变得更成熟、理性和健康。

活动目标

1. 了解艾滋病的危害、传播途径以及预防传染艾滋病的方法。
2. 学会自尊自爱，适度交往，增强自我保护意识。
3. 增强预防艾滋病的意识，建立有利于身心健康的行为方式。

活动准备

1. 学生分为2组。
2. 学生准备：无。
3. 教师准备：与学生人数相等的红牌和黄牌，视频《艾滋病的传播途径》。

活动过程

一、团体热身

（一）热身游戏

红 黄 牌

把同学们分成2组，一组举红牌，另一组举黄牌，全体站立。同学们听主持人口令举起牌或者放下牌。听到口令后，同学们迅速做出反应，做错的学生回到座位上，其他人保持原来动作。之后，游戏继续进行，直到结束。

主持人的口令：举起红牌、放下黄牌、不要放下黄牌、放下红牌、不要不放下黄牌、不要不举起红牌、不要不放下红牌、千万不要不举起黄牌等。

指导建议：导入活动的目的是集中学生的注意力，让同学们初步感受“不可以”“禁止”

所蕴含的意义。主持人喊口令时不要速度太快，游戏时间把控在 5 分钟左右。

（二）讨论分享

1. 举错牌退出游戏的同学有什么感受？到最后都没有出错的学生有什么感受？

____

2. 红牌和黄牌代表着什么？以你们的生活经验，哪些事情是绝对不能尝试去做的？

____

教师倾听学生的答案，引导学生知晓这个游戏活动是关于警示或者禁止做某事的，比如赌博、吸毒、酒驾、违反校规校纪等都是不能做的事情。在游戏中我们做错了，退出游戏可以回到座位上，但是在生活中这些事情是雷区，绝对不可以尝试。

二、主题活动

（一）情景呈现

朱力亚的故事

朱力亚是一个普通家庭的女孩，她善良坚强、成绩优异。在大学期间，她结识了留学生马浪，像所有的恋人那样，经历着美好而温馨的甜蜜爱情，憧憬着他们的美好未来。然而，校领导找到她的一次谈话，让她懊悔不已，感觉从此生活黯淡无光，前途渺茫。

引导学生以小组为单位阅读剩余的故事。

阅读资料：朱力亚的故事

“你知道吗？他感染艾滋病已经发病了，已经被遣返回国。”

2004 年的一天，朱力亚听到老师讲出这样一句话，而从这天开始她的人生轨迹彻底改变了。

老师口中的他，就是朱力亚如胶似漆两年多的男朋友——马浪，他是武汉一所大学的留学生。朱力亚不敢相信，因为前天她才送别了男友，他说去北京办些事情。在朱力亚的心里，马浪是一个文雅、帅气，待人也很平等，谈吐举止迷人的人。

而就是这样一个“完美”男友，在国外已经结婚，并隐瞒了自己是艾滋病病毒携带者这一重要事实。在被告知因为艾滋病要遣返回国后还不肯告诉自己女友事实真相，骗她说自己只是去北京办点事。

校方找到朱力亚，让她去市疾控中心抽血做检查，朱力亚满心希望得到一个好结果，但是医生拿来单子时只说了两个字，“阳性”，她的所有希望从此被连根拔起，一丝不留。她成了一名艾滋病病毒携带者，这样的一个标签让她的心理防线彻底崩溃，接踵而至的一系列非议、歧视使她体会到了孤独和绝望的痛苦，让她万念俱灰。

“当初由于无知，在享受生活快乐时，不懂得安全生存的规则，这个疏忽，把自己推向深渊。我要给人们敲一记警钟：艾滋病可能就在你我身边，警惕起来吧！”与生俱来的坚强和善良，让她公开自己的身份和病情，于是出版了《艾滋女生日记》。

她说：“我牺牲自己，让自己成为一面镜子，更主要的是想警醒年轻人不要轻易涉足‘危险游戏’，一定要学会保护自己。我也希望我们的学校切实地开展性教育，只有这样才能防患于未然，让健康人不再重演我的悲剧。”

（二）讨论分享

1. 读了这个故事，你有什么感受？

____

2. 从朱力亚的经历中，你了解到她的艾滋病是怎么染上的？

____

指导建议：教师对学生的分享呈现接纳、理解和认同的态度，也可以根据自己的认知适当补充分享。比如：对朱力亚敢于说出自己的故事，想给更多人警示的勇气表达钦佩。

（三）知识导航

请同学们观看视频《艾滋病的传播途径》，进一步了解艾滋病的传播途径和预防知识。

指导建议：这部分内容知识性强，教师可以把关于艾滋病的主题内容布置下去，让学生查找资料，了解、分享更多信息。

教师引导：通过观看视频，我们可以看出性接触传播是艾滋病的主要传播途径，性接触传播包括同性传播和异性传播。因此，要避免不安全的婚前性行为、同性性行为以及多人性行为。同时，要远离毒品，避免共用注射器。杜绝这些行为，是对人生负责的表现。

三、总结提升

（一）案例分析

小强和雨晴是一对校园“地下恋人”。周末，小强邀请雨晴去附近宾馆开个房间，一起复习功课、听听音乐、看看电影，享受“二人世界”的美好时光。

问题讨论：

1. 如果你是雨晴，你会怎么决定？是拒绝还是接受？拒绝的话，你会怎样表达？拒绝会发生什么？如果接受，可能会发生什么？

____

2. 如果你是雨晴（小强）的朋友，你会给她（他）什么意见和建议？

____

3. 去宾馆就意味着同意发生性行为吗？中职生应怎样避免性行为的发生？

____

学生讨论，教师给予总结，并帮助学生澄清以下几点：

第一，爱情不同于友谊，对于正在求学阶段的青少年，由于自身发展和客观条件的不成熟，尚未具备真正恋爱的条件，也无力承担起由此而产生的种种责任，更无法承担可能因性行为导致的怀孕、流产甚至是传染上艾滋病带来的后果。所以要把异性之间的感情控制在友谊的范围之内。在男女同学交往中，要互相尊重、自尊自爱，要自然、坦诚、友好地进行交往。遇到他人轻佻的言辞和举动要及时制止。

第二，学会拒绝。面对轻佻的言辞和举动，或是违背自己意愿的行为，要明确表达拒绝，不含糊其词，不要因为害怕被嫌弃或者让对方不愉快而委曲求全。每个人都有说“不”的权利，也有尊重别人说“不”的义务，尊重和正确理解他人的意愿，明确拒绝，不要把自己的想法、猜测和意愿强加到别人身上。

第三，交往有度。每个人都知道自己的身体和心理界限，人与人之间的交往要保持平等、尊重、包容和理性。中职阶段要严格杜绝性行为的发生，更不能采取强迫性行为，否则，就有可能涉嫌强奸、猥亵、骚扰等性侵害的违法犯罪行为。

第四，遵守法律。同学们要学习和遵守《中华人民共和国未成年人保护法》《中华人民共和国预防未成年人犯罪法》等法律法规，不能未经监护人同意在外过夜。

（二）总结激励

我们要理解在两性关系中"平等尊重、交往有度"的原则。学会应对两性关系中的各种情境，学习理解爱、识别爱、表达爱以及如何表达拒绝。男女双方都要学会洁身自爱，规避风险，保护好自己；不负责任的、没有安全保护措施的、强迫或者欺骗的性行为不是爱，而是害。互相尊重，分清界限，不能有性别歧视，男性要尊重女性，女性也要尊重男性，共同营造亲密友好的异性关系。

四、课后拓展

1. 了解关于艾滋病的相关知识，了解艾滋病的危害。

2. 关于两性关系中的行为规范，我国制定了多部与之相关的法律法规，比如《中华人民共和国民法典》《中华人民共和国刑法》《中华人民共和国未成年人保护法》《中华人民共和国治安管理处罚法》等，请同学们课下搜索阅读有关资料，保持对未来的美好期待与憧憬，预防性侵害行为，预防被性侵害。

3. 据报道，某中学向全体学生发放了装有预防艾滋病的宣传材料——"红丝带"礼袋，学校希望通过"红丝带行动"向学生宣传艾滋病防控知识和异性交往相关禁忌。结合本课的学习，请谈谈你的感悟和收获。

活动案例

学会爱自己

爱，首先意味着平等、尊重、责任、担当、付出。青春期的学生对待感情问题还是懵懵懂懂的，向往美好的爱情，渴望自己的人生中能够遇到自己的理想伴侣。但是青春期的中职学生社会经验不足，容易感情冲动。如何在与异性交往中保持平等尊重、交往有度，如何规避风险、保护自己，是需要中职学生学习的重要一课。

首先，学会清晰地表达意愿。表达要准确，沟通要清晰，当两人想法不一致的时候或者表述含蓄不清时，要澄清，以免造成歧义而导致误会。

其次，要严格杜绝性行为的发生。中职学生无法承受因发生性行为而带来的后果，轻则影响学业和人际关系，重则影响生命安全。因此，要学会在尊重他人的前提下明确表达拒绝。性爱是美好的，但也是危险的，不要通过网络或者某些交友 App 随意应约，更不能随意与异性同住；不要一个人去约见不熟悉的异性，不要喝陌生人的饮品，更不要与不熟悉的人饮酒。

最后，学会求助以降低危害。一旦发生了不安全性行为，应尽快去当地卫生防疫部门检测，或者到正规医院就诊，在医生的指导下，服用避孕药物防止意外怀孕，服用“阻断药”规避艾滋病感染风险；要及时告知家人，取得家人的支持和理解。

小说《默读》中有这样一段话：美好的东西就像瓷器一样，对它自己来说，最危险的不是房间里乱跑的猫，而是瓷器没有意识到自己本身就很易碎。同学们，你们就是这些精美的瓷器，一定要洁身自爱，一定要保护好自己！为自己的人生负责，为他人负责！

思考题

1. 在恋爱关系中如何拒绝不适宜的或存在风险的“性”要求？

2. 通过学习本课，你如何理解两性关系中的“平等尊重，交往有度”？

第 3 课　珍爱生命　远离毒品

活动背景

毒品是全球性的灾难，也是全人类共同的敌人。目前，世界范围内日益严重的毒品潮，不仅严重危害人类的健康，败坏社会风气，而且直接导致和诱发各种犯罪活动。据调查，80% 的青少年吸毒者都是抱着“玩玩”“就尝一口”“不会上瘾”的心态，而误入歧途。青少年身心发育不成熟，涉世不深，缺乏辨别是非的能力，但同时具有强烈的好奇心，因此容易受到诱惑。尤其是近些年，各种新型毒品经过“乔装打扮”，极具隐蔽性和诱惑性，如“奶茶”“巧克力”“糖果”“开心水”……悄悄潜伏在我们周围，让人防不胜防。通过本节课我们将引导大家了解毒品的基本知识，学会自觉抵制毒品等不良诱惑的方法，增强自我保护意识，形成正确的价值判断。

活动目标

1. 了解传统毒品和新型毒品的相关知识、毒品的危害及抵制毒品的方法。
2. 热爱生命，遵纪守法，增强抵御不良诱惑的意识。
3. 树立积极向上的人生观和价值观，自觉弘扬禁毒精神，增强自制力。

活动准备

1. 学生分成若干组，每组 4 ～ 6 人。
2. 学生准备：无。
3. 教师准备：《湄公河行动》电影片段。

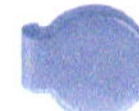

活动过程

一、团体热身

（一）热身游戏

正 话 反 说

全班同学围成一个圆圈，主持人站中间。主持人说“右”，所有人将头转向左；主持人说“左”，所有人将头转向右。也就是要做和口令相反方向的动作。同时，主持人要仔细观察参与者，发现有人犯错，就要宣判出局。最后剩下的人即为获胜。

（二）讨论分享

1. 当主持人发出命令，做出错误动作的同学有什么感受？

2. 最后胜利的同学有什么感受？

____

3. 通过这个热身游戏，你的感受是：

____

指导建议：这个小游戏设计的目的是提醒同学们要克服惯性思维，拥有独立思考的能力，增强自制力。

二、主题活动

（一）情景呈现

第1则：让人笑不起来的“笑气”

留学生活看似丰富多彩、自由自在，却也隐藏着不为人知的危险。

在西雅图留学的女孩儿林林，由于痴迷“笑气”，而陷入深渊。她目前在医院里接受治疗，不能独立行走，只能靠轮椅代步。

林林第一次吸食“笑气”，是出于好奇。她周围的人有一半都吸食过“笑气”，俗称“打气球”。在学生群体里流行的“笑气”，很多人认为只是娱乐工具，在烟酒店就能买到。

“笑气”，学名一氧化二氮，无色有甜味，有轻微麻醉作用。吸入“笑气”，会令身体短暂缺氧，兴奋放松。但长期吸食“笑气”会导致贫血和中枢神经系统的损害，危害程度不亚于普通毒品。

林林独自一人在国外留学，远离家乡，时常感到孤独苦闷。当看到其他同学因为吸食了“笑气”而变得很开心的时候，林林心动了。殊不知她的从众心理以及对“笑气”危害认识的不足，导致她一步步对“笑气”成瘾。

短短几个月的时间，林林花掉了几万元生活费用来“打气球”。她陷入了吸食“笑气”，然后昏昏沉沉，再吸，再昏昏沉沉的恶性循环当中。由于用量巨大，她开始出现幻觉。随后，林林的双腿慢慢变得无力，最后竟然发展到只能坐轮椅的程度。除了身体上的损害，精神上的打击更为严重，她对自己丧失了信心，更加焦虑，甚至有抑郁的倾向。

林林非常后悔，她通过社交平台将自己的故事分享出来，希望用自己的事例来警醒年轻人。

第2则：善于伪装的新型毒品

刺耳的“警笛”鸣叫着，一辆警车进入一所中职学校，给该校“00”后的三年级学生小刚戴上了手铐。

原来，小刚一直在学校里偷偷兜售一种绘有卡通图案的贴纸。他和别人说，只要将这种贴纸放在舌头上，就能体会飘飘欲仙的感觉。

这种贴纸俗称“邮票”，全名麦角酸二乙基酰胺，缩写为LSD，是一种新型毒品。吸食后，人们会产生强烈幻觉和急性精神分裂。如果服食量大，会对人心理产生巨大影响，被负能量所包围，进而轻生。曾有人因服食“邮票”毒品而跳楼自杀。

小刚本身也是受害者，一次偶然的机会他被一个老乡介绍接触了“邮票”。小刚知道，像海洛因、可卡因等毒品是绝对不能碰的，但万万没想到这种萌萌的小贴纸也能让他欲罢不能。

他本身零花钱有限，为了能长期吸食“邮票”，他走上了“以贩养吸”的道路，令他在犯罪的深渊中越滑越深。据小刚交代，他还曾卖过一种“神仙水”，样子和普通的饮料没有区别，但里面含有的“γ-羟基丁酸”，属于新型毒品。这种物质如果被人滥用会造成暂时性记忆丧失、恶心、呕吐等症状，如果掺杂酒精危险性就会加倍，甚至会导致失去意识、昏迷甚至死亡。

这真是触目惊心！“神仙水”“丧尸浴盐”“奶茶”“邮票”等新型毒品更具隐蔽性和诱惑性，它们正“潜伏”在年轻人的身边。

（二）讨论分享

1. 读了这两则小故事，你有什么感受？

____

2. 你认为传统毒品和新型毒品的区别是什么？

____

指导建议：众所周知，传统毒品如鸦片、海洛因、冰毒、吗啡、大麻、可卡因等会对人体造成不可逆的伤害。但人们对更具隐蔽性和诱惑性的新型毒品缺乏深刻的认识与警惕心。通过这两则小故事引导学生认识新型毒品的危害性，了解相关知识。

（三）身临其境

吸食毒品不仅会损害人体器官，还会让人无法自控，进而失去尊严，丧失人格，沦为别有用心之徒的傀儡。

1. 播放视频：《湄公河行动》电影片段。

欣赏了《湄公河行动》电影片段，你有什么感想？

____

2. 小测试：请同学们选择“是”或“否”。

项　目	答　案	
你对新鲜事物总是很好奇	是	否
你对很多事情都抱有满不在乎的态度	是	否
你很容易受他人影响	是	否
你觉得抽烟喝酒很酷	是	否
你很容易感到孤独、沮丧和焦虑	是	否
你与别人意见不合时，很容易妥协	是	否
你对毒品一点都不了解	是	否
你身边有吸毒的人并且你们是朋友	是	否

3. 请同学们展开讨论，如果你的选择有3个以上的“是”，是否说明你是一个意志力不坚定、无法抗拒诱惑的人？

____

4. 我们应该如何自觉抵制不良诱惑？有哪些方法？

三、总结提升

（一）有利或不利

行为习惯、心理精神状态和认知水平都会影响一个人的选择和决策能力，也会影响到一个人拒绝诱惑的“心墙”的坚固程度。请将下列词语分别填入“有利”或“不利”的方框中。

1. 有远大理想	2. 结交损友	3. 积极向上	4. 容易从众
5. 娱乐至上	6. 严格自律	7. 得过且过	8. 暴躁焦虑
9. 正能量满满	10. 颓废萎靡	11. 充满希望	12. 热爱读书
13. 脑袋空空	14. 热爱运动	15. 懒懒散散	16. 警惕心差
17. 防人之心不可无	18. 毫无主见	19. 有原则底线	

有利

不利

如果将两个方框看成两种人，那么方框中的词语就是对这两种人的描述，你认为哪种人更容易被毒品引诱？你想成为哪一种人？请各小组分别展开讨论。

（二）总结激励

如果将人生比作四季，那青少年时期就是春季。鸟语花香，生机勃勃，多么天真烂漫的季节啊！青少年就像一轮冉冉升起的朝阳，即将变得强大而耀眼。青春短暂，我们要珍惜时间，努力学习知识武装自己；我们要结交益友，远离损友，永远与正能量的人为伍；我们要拒绝娱乐至死，要树立远大理想；我们不要惧怕任何困难，要用自己的坚强意志品质战胜它们。

看！美好的未来在等着我们！

四、课后拓展

推荐阅读：《我在金三角卧底十年》

是什么让一个文弱教书匠放弃安稳的生活进入恶名昭著的金三角与大毒枭们周旋？是怎样一种力量支撑他冒着生命危险将情报传递给我国警方，帮助我国警方屡次打掉运毒线路？该书是傅衍鲲根据自己的亲身经历写成的自传。傅衍鲲，曾经是一名中学老师，起先是因为与自己感情深厚的侄子受到毒贩的引诱掉入吸毒的泥沼而痛不欲生。后来又发现金三角的毒枭们精心编织了一张毒品大网来诱捕国内的青少年们。家仇国恨让傅衍鲲决心卧底金三角，为我国的禁毒事业贡献自己的力量。2007 年，他入选中央电视台“感动中国”年度人物。让我们怀着敬畏之心来阅读这本书，致敬那些在隐蔽战线奋斗的无名英雄们！

你之所以看不见黑暗，是因为有人替你负重前行！

活动案例

防患于未然

青少年处于发育期的末端，一旦染上毒瘾，会给身体带来难以想象的伤害。青少年的心理状态还不成熟，毒瘾会造成行动力减弱、头脑混沌，久而久之，自信心和自尊心就会被摧毁，容易陷入犯罪或者自暴自弃的泥潭。

青少年吸毒不仅会把一个家庭带入深渊，后续发展很可能会给社会带来严重危害。比如吸毒者会变成贩毒者，推动毒品在社会的传播；吸毒者所生的孩子畸形的概率较大，这些恶果都将由社会买单。所以，无论是青少年本身，还是家长和老师，作为社会的一员都有义务将青少年吸毒问题扼杀在摇篮里。

小萌是中职学校的学生，刚入学时羞涩乖巧，升入二年级后有了很大变化，经常浓妆艳抹，上课的时候也常常走神或者睡觉。周末有时候既不留校也不回家。据同宿舍同学反映，晚上熄灯后，她也要拿着手机聊天到很晚，她还曾经炫耀过她交了一个在社会上很“吃得开”的男朋友。班主任老师得知这一情况后，马上找到小萌进行了推心置腹的交谈。小萌出于对班主任老师的信任，将自己的情况和盘托出。原来，小萌的父母忙于做生意，在她二年级的时候转战外市，将小萌托付给奶奶照顾，平时除了给零花钱，对她的学习和生活很少过问。一次偶然的机会，她认识了一个在夜店工作的男孩儿，这个男孩儿有很多恶习，并且交友复杂。但小萌觉得这个男孩儿的生活自由自在，对她很有吸引力，于是就经常和他混在一起。班主任老师意识到，如果再对小萌放任不管，她就有可能堕入深渊。因此，老师立即与小萌的父母取得联系，请他们到校详谈。小萌的父母了解了全部情况之后，顿觉后背发凉，十分后怕。她的妈妈决定留在本市陪伴孩子，照顾她的生活起居。经过一系列耐心细致的工作，小萌的思想发生了很大的转变，生活终于回到正轨。

那么，老师是怎么帮助小萌的呢？

1. 堵。将小萌与可能涉毒的圈子完全隔离，换掉手机号，注销微信号和 QQ 号，与可疑人员断绝来往。老师在学校监督，家长在家里监督，上学放学点对点接送。家校互通信息，随时沟通情况。

2. 压。向小萌力陈利弊，并告之校规校纪，如执迷不悟，将会被开除。如沾染毒品，还会被送到戒毒机构，失去自由。

3. 疏。经常找小萌谈心，让她倾诉自己的烦恼和困惑；与她共情，站在她的角度考虑问题，再给出合理建议。

4. 导。发掘小萌的特长，鼓励她多多参与校内活动，勇敢地展示自己，重塑她的自尊心和自信心。让她看到站在阳光下的自己有多么美好。

思考题

1. 如果你是小萌你会怎么做？

____

2. 如果你是老师你会怎么做？

____

第 4 课　拥抱自然

活动背景

哪里是欣赏美景的最佳去处？答案是大自然；哪里是我们玩乐的人间天堂？答案还是大自然；哪里是抛掉一切烦恼，只有快乐没有忧愁的地方？答案仍是大自然。当我们开始对社会、对自然、对人生有了比较深入的思考，开始意识到社会的发展、人的生命质量与自然环境息息相关时，就更加肯定了以上答案的正确性。在环境问题越来越引起人们广泛关注，生态环境形势日趋严峻的今天，人类和自然只有和谐相处，才能更长久地受到自然的馈赠。人类并不是大自然的主宰，而是大自然的一部分。认识人与自然和谐相处的重要性，感悟自然界生命的丰富性以及其他生命与人类在自然界的平等性，学会关爱自然、关爱自己是非常必要的。

活动目标

1. 了解自然界生命的多样性，其他物种和人类一样享有平等生存的权利。
2. 感受人与自然和谐相处的乐趣，关注自然、融入自然。
3. 建立正确的生态价值观，懂得保护自然、珍爱生命。

活动准备

1. 学生分为若干组，每组 6 ～ 8 人。
2. 学生准备：动物类、植物类、季节、地形地貌、风景名胜类的卡片若干张。
3. 教师准备：轻松愉快的背景音乐，人与自然和谐相处的图片。

活动过程

一、团体热身

（一）热身游戏

故事大王

游戏规则：把全班分成若干小组，每个小组分别从不同类的卡片中任意抽取一张（比如有的小组会抽取到“蚂蚁”“枫树”“冬天”“青藏高原”“九寨沟”），根据抽到的卡片，小组交流沟通，构思一个有关人与自然的小故事。

活动指导：每个小组会抽到不同的动物、植物，小组的故事可能是夸张离奇的，可能是让人捧腹大笑的，也可能是带有悲伤色彩的；可能是和谐的，也可能是不和谐的。教师不必过多干预，表现出接纳的态度。

（二）讨论分享

1. 你构思故事的依据是什么？

____

2. 你还有哪些关于大自然的资料和大家分享？

____

小贴士：自然世界丰富多彩，在地球上，人类不是唯一的生命形式。正因为有千姿百态的动植物，才构成了一幅幅生机勃勃的画面，才带给人很多的乐趣。

二、主题活动

（一）情景呈现

小皮和她的野生动物朋友

小皮是个小女孩，她的父母是野生动物摄影师。她从小跟随父母在丛林中长大，辗转各地拍摄野生动物。她从小和野生动物生活在一起，和它们建立了非常亲密的友谊，她和当地的野生动物成了非常要好的朋友，甚至于她成了它们中的一员。她会跟它们说话、会用眼睛跟它们交流，和它们一起嬉戏玩耍。大象阿布是她的哥哥，她攀缘阿布的鼻子和它亲吻，坐在阿布的鼻子上，仿佛在妈妈的怀抱中一样幸福。在小皮刚学走路的时候，大象阿布小心地跟在她的后面呵护着她，为了不打搅小皮，阿布甚至用脚尖走路。小皮淋浴的方式也很特别，阿布的鼻子是她的淋浴器，阿布从鼻子里喷出来的水带给小皮无穷的乐趣。鸵鸟也是小皮的好朋友，那张她骑在鸵鸟背上的照片，就好像是小皮就是从鸵鸟背上长出来似的。鸵鸟无比细心地呵护着小皮，尽量不左右晃动，免得小皮摔下来。还有小狮子穆法萨，居然可以吮吸着小皮的手指，酣然睡着。猫鼬趴在小皮的背上，轻轻地舔着她的头发，仿佛他们是最要好的朋友。一次，猎豹杰比一口叼住了小皮的肩膀，所有的人都大惊失色，但是杰比很快放开了小皮的肩膀，原来杰比是在和小皮玩耍呢。当地有一种蝇子，叮人很痛，但却从来不叮咬小皮，仿佛他们是好朋友一样不会互相伤害……小皮说野生动物就像她的家人一样，对呀，家人怎么会互相伤害呢，所以他们之间才会那么亲密、那么友好。

（二）讨论分享

1. 小皮和动物是怎样嬉戏玩耍的？

____

2. 她为什么不害怕这些动物，还敢于亲近它们？这些动物和小皮的关系怎样？

____

3. 小皮带给了动物什么？动物又给小皮带来了什么？

____

4. 你有和动植物亲密接触的经历吗？你对动植物、大自然持什么态度？

____

5. 大自然带给我们哪些感受？

____

小贴士：“生命是地球上最美的花朵”。地球上的一切生命都应得到尊重，它们都有其存在的价值。动植物和人类一样，是大自然精心培育的产物，是生命世界的一部分，地球正是因为有了这么多生命而变得丰富美丽。我们要善待大自然、善待生命，人与自然要和谐相处，构建共生共荣的和谐生态环境。

三、总结提升

（一）走入自然

（轻松舒缓的音乐，抒情的解说）

图片展示：

1. 在广场，成群的鸽子目中无人地走来走去，我们伸出手臂，马上会有几只鸽子落下来，站在肩膀上、手臂上，一点都不害怕。

2. 在海边，成群的海鸥毫无顾忌地在人身边穿梭；海狮、海豹在海边尽情戏耍，时而跃入大海，时而爬上海滩，或在岩石上晒太阳，懒洋洋地躺着，任人观赏。

3. 坐在庭院中，呼吸着清新的空气，放眼看去，满眼都是绿色的植物。喜鹊、斑鸠、白颈鸟和成群结队的彩色鹦鹉会随时来做客。

4. 走在去郊外的路上，不时会从灌木丛中跳出一只只松鼠，跑到人的身边来嬉戏。人们逗着它们玩，它们逗人们玩，不知道是谁逗谁玩，一起来拍个照，其乐融融……

讨论分享：

1. 你看完图片后的感觉怎样？你喜欢这样的生活环境吗？

____

2. 你还能找出自然界中美好的事物和现象吗？

____

小组交流：选一处自己喜欢的自然风光，可以是当地家乡的或者自己去过的一处自然风景，小组交流分享后从中选出最好的一个。让同学以导游的身份带领大家走入自然，同时配以轻松愉快的音乐，让大家融入其中，感受自然带给我们的心灵愉悦！

（二）你说我说

请你针对以下环境问题简单谈谈自己的看法。

1. 大量砍伐森林中的树木：______________________________
2. 对野生动物肆意捕杀：______________________________
3. 工业废气废水任意排放：______________________________
4. 乱采矿产资源：______________________________
5. 噪声污染：______________________________

（三）总结激励

我们在善待大自然的同时，大自然也会毫不吝啬地回馈我们，带给我们良好的环境、丰富的物质财富和诸多的心灵体验！让我们在学习之余，走入大自然，去拥抱大自然，细心呵护一棵植物，观察一种昆虫，感受流水带给我们的清凉、微风带给我们的惬意……感受大地母亲带给我们的一草一木，一山一水。

四、课后拓展

欣赏影片《熊的故事》

电影《熊的故事》改编自真实故事。在美国洛基山脉的原始森林里，熊妈妈在采蜂蜜时丧生，可怜的小熊被一只灰熊收留，在与一对猎人父子进行多次生死较量后最终互相感化融合。影片以动物的视角，体现了同类之间的爱，体现了异类之间的冲突和化解。影片结尾时的字幕——“最激动人心的不是杀戮，而是给予生存的权利”，揭示了人与自然界其他生命要和谐相处的深刻内涵。“给予生存的权利”这种行为，是一种爱，一种对生命和自然敬畏的爱！

活动案例

我们为大自然做些什么？

春天来了，学校花园里的小草偷偷地从土里钻出来，向人们展示着它们绿油油的漂亮衣服，你挨着我，我挨着你，密密层层；花儿也不甘示弱，各种颜色、各种形状的花儿竞相开放；树叶不知什么时候也从树枝上长了出来，嫩绿嫩绿的，煞是好看。可是，有几位同学，顺手摘下几朵白色的花，闻了闻就扔到了地上，被人一踩，花瓣全都碎了；又过来几位同学，为了走捷径去食堂吃饭，拥挤着从草地上跑了过去，小草马上倒了一片；树上的鸟窝也被同学用棍子给捅坏了，掉下了几只小鸟……美好的事物竟被如此践踏和破坏，我们仿佛听到了小草、小花和小鸟的哭泣，真让人心痛。

校园里破坏环境的事情还有很多，社会上这样的事情也时有发生：乱扔垃圾，塑料袋满天飞，废旧电池随手丢，滥砍滥伐森林，工厂排放的污水对河流湖泊造成污染，乱排乱放的废气对大气造成污染……保护生态环境已迫在眉睫！我们国家已经制定了严格的环保措施，发起了环境保护的攻坚战，建设富强美丽的社会主义现代化强国离不开生态文明建设。

我们欣然接受自然的馈赠，我们要感恩自然、拥抱自然，不能以怨报德。面对已经造成的对自然的伤害，作为中职生的我们，应该为大自然做些什么呢？

1. 必须树立尊重自然、顺应自然、保护自然的生态文明理念。加强资源和环境法规、知识的学习和宣传，提高保护资源和环境的意识。

2. 高度重视和警惕生态环境恶化所引起的问题，自觉履行保护环境的义务。履行监督义务，同破坏资源、环境的行为做斗争；落实环保行动，从现在做起，从身边的小事做起，保护环境，珍惜资源，减少浪费，植绿护绿，减少污染，守护好我们共同的家园。

3. 热爱自然，保护自然，重视自然。树立正确的自然观，遵循自然规律，珍惜大自然给我们的一切财富。

让我们拥抱自然，与自然和谐相处，建设一个美丽的世界、美丽的家园。

1. 你每天亲近自然、拥抱自然的行为有哪些？还会增加哪些？

____

2. 大自然在哪些方面让我们肃然起敬、心存感激？在保护环境方面，你有哪些做法要跟大家分享？

____

第5课　感受和谐

活动背景

我们每个人都生活在三个空间里面：自然空间、人际（社会）空间和自我空间。自然空间和谐则阳光灿烂、空气清新、物产丰富；人际（社会）空间和谐则父慈子孝、兄友弟恭、宾朋满座；自我空间和谐则心灵纯净、心态平和、不断进取。只有在三个空间都能感受到和谐幸福的人才会具有最健康的心理。所以，我们要学会少一些关注自己的需求，多一些感受他人和自然、社会环境的需要，不断提高自我和谐、人际和谐以及与自然和谐相处的能力。

活动目标

1. 和谐包括三个范畴，即自我和谐、人际和谐和自然和谐。
2. 感受到和谐的美好。
3. 提高感受和谐的能力，并能有意识促进和谐。

活动准备

1. 学生分为2组。
2. 学生准备：无。
3. 教师准备：选择风和日丽的天气，操场，音响设备，“兔子舞”音乐，《森林狂想曲》主题曲。

活动过程

一、团体热身

（一）热身游戏

团队有我更精彩

游戏规则：全体同学围成一个大圈，在大家喊“团”字时，拍左侧同学后背一次；再喊“团”字时，拍右侧同学后背一次；第三次喊“团”时，自己双手拍一次；喊“团队”按同样的办法拍两次。依此类推，最后喊出“团队有我更精彩”。

（二）分享讨论

大家一起完成这项活动以后，你身边同学的表情如何？

___

你的心理感受是：

二、主题活动

（一）情景呈现

共跳“兔子舞”

1. 预备活动：全体同学围成一个大圈，原地站立，两手叉腰；第 1 拍左脚向左踢出，第 2 拍右脚向右踢出，第 3、4 拍左右脚互换踢出，第 5 拍双脚向前跳一步，第 6 拍双脚向后跳一步，第 7 ～ 9 拍双脚向前跳三步。

2. 挑战一：全班同学排成一列长队，两只手搭在前面同学的双肩上，齐跳兔子舞。

3. 挑战二：同学们排成一列长队，左臂绕过脖子并拉住后一人的右手，在比较别扭的情形下跳兔子舞。

指导建议：人数较多的班级可以分成 2 队或 3 队完成；要及时提醒有人不协调或被踩脚等情形。也可以自己设计活动动作。

（二）分享讨论

1. 大家在玩了多久的时候出现了不一致的情况？为什么会出现这种情况？

---

2. 你们用什么方法使全体成员步调保持一致的？

---

3. 在玩的过程中以及现在，你喜欢你的队友吗？他们喜欢你吗？

小贴士：人际的和谐，关键在于互谅互尊、互帮互助，有时还必须相互忍让、相互宽容。音调和谐，是因为有序自然，高低音配合，美丽的旋律在“序”中产生；画面和谐，是因为错落有致，红绿相宜，动人的意境在“致”中产生；人际和谐，则是为了共同的目标互相帮助，默契配合，温暖的情谊在“默契”中产生。

三、总结提升

（一）乐曲欣赏

活动指导：刚才的活动使大家有些疲劳了吧，下面让我们放松一下，同学们可以坐在地上（条件允许的话可以建议同学们躺在地上），和同学们靠在一起，闭上眼睛，在这个风和日丽的天气里，让我们感受温暖的阳光、和煦的轻风。试试看，能不能听到几声鸟鸣、小虫的啾啾？闻一闻，有没有几缕花香，有没有小动物在我们身边走来走去，和我们一起感受大自然的美好？（播放《森林狂想曲》）。

讨论分享：①在刚才的乐曲中你听到了什么？大家一起分享吧！②自然带给我们愉悦，

而我们为它又做了什么？③如果我们的身边垃圾无数、漫天风沙，还能感受到这么美好、这么愉悦吗？

____

____

小贴士：我国传统的“天人合一”思想，肯定了人是自然界的一部分，人与世间万物联系密切，既相互统一又不可分割。人与自然和谐的重要思想就是来源于此，它体现了人类追求与自然共存的大智慧。思想家爱默生说：“令人快乐的力量不在于自然的魔力，不在于个人，而在于人与自然的和谐。”我们需要这样的快乐。但是当大自然受到严重破坏时，它就不会表现的那么美好。所以人对自然不是征服、不是对立、不是索取，而是奉献与和谐共处，共同维护这份美好带给我们的快乐。

（二）总结激励

每个人都生活在三个不同的空间里。第一个空间是自然空间，人与自然万物虽有差别，但也需要和谐相处。第二个空间是人际空间，人生活在各种不同的人际关系中，如同学关系、朋友关系、亲属关系、同事关系、亲子关系等，人际和谐就是指个体与各种不同关系中的他人保持亲密程度和合作程度，并能协调各种角色身份；接受交往双方彼此在社会地位、行为方式等方面的差异和变化。第三个空间是自我空间，如果每个人的内心充满冲突和不满，那是不可能达到和谐状态的。内心的和谐是指每个人内心的需要、要求和目标已经实现，或感觉到能够或即将实现，满意自己目前的状况，从而能够接受自己与他人的差异，能够接受当前的状况与自己目标之间的差异。内心自我和谐是每个人心理健康的标志，也是社会和谐的必然要求。实现三个空间的和谐，就是实现生命的和谐，是给生命质量所做的完美注解。

四、课后拓展

推荐阅读：《人与自然》

这本书是与中央电视台《人与自然》栏目联合推出的，由冯晓哲主编。《人与自然》一书以人与自然关系为基本视角，以人类文化演进为思想主线，生动描述、全景展现了人与自然关系的壮丽画卷，阐释了自然、人文、科学三位一体、协调互动、生态共荣、和谐发展的新文化观，探索性地提出了人类未来发展的几条可能之路。

活动案例

提高人际交往的能力

良好、健康的人际交往活动不仅使生活充满情趣，更让人心情舒畅、乐观向上地面对生活；消极的人际交往带给人的是烦恼和悲伤。

小林是中职学校一年级的学生，入学半年内已经多次找班主任要求退学。问其理由，他每次都说是班里所有的同学都针对他，故意难为他。宿舍里，他怕风吹，可是全宿舍人都要开电扇；同学们到餐厅吃饭都是结伴而行，可是从不叫上他；同学们在他背后窃窃私语，偷偷议论他，还说他坏话——因为他看到同学们在聊天，看到他过去就停下来了……发展到后来，小林一方面羡慕同学们有同伴，可是自己总是一个人，很孤独苦恼；另一方面，和同学相处时一不如意就大吵大闹，同学们都烦他，不愿意和他一起。

小林该怎么办呢？

首先，要培养沟通能力。生活中人与人相处，性格不同，成长环境不同，生活习惯也大不相同，难免会出现磕磕碰碰。这时沟通就显得尤为重要。以积极的心态理解他人、关心他人，以真诚换来他人的谅解。一句真诚的话语，一次放松的谈心，一个会意的笑容或眼神，这些沟通都可以换来乐观平和的心境，营造出和谐的人际环境。

其次，学会三句话。第一句是“忍一句”，即人在愤怒的时候说出的话往往很伤人，所以要忍一时之气，避免造成不必要的纠纷。第二句是“饶一时”，俗话说“得饶人处且饶人”，争强斗胜并不是人生的赢家，在自己有道理时表现出宽容才是有涵养的人。第三句是“退一步”，退一步海阔天空，给他人留有余地，他人反而容易接受你的观点，这同样是个人修养的表现。

再次，坚持相容的原则。与人相处时要学会容纳与宽容，既要容纳与自己的性格相似的人，还要容纳与自己的性格相反之人。求同存异，才能互学互补，更好完善自己。越是自信的人，相容度也就越强。

最后，要主动、大胆地与他人交往。人与人之间的关系是相互的，不和谐、不愉快的人际关系，不仅影响自己，也影响对方。想改变现状，需要主动与他人交往，学会主动解决问题。

人的生存和发展离不开社会群体生活，人们总是在不断地社会交往活动中从事各种工作、学习及其他社会活动。每个人都是自己生命的主宰，关键是不断改变自己，让不愿交往、不懂交往或不善交往的人能以积极的态度和行为对待人际交往，建立和谐的人际关系。

1. 文中提到的问题你有什么看法？有何感想？

______

2. 和谐包括哪些范畴？如何实现生命的真正和谐？

______

单元实践活动

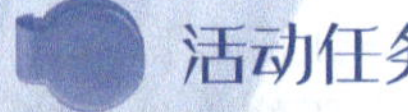

活动任务

考察本地区的自然生态环境和动植物生存环境。

1. 观察各种动植物，统计花草树木的名称、种类和动物的名称、种类，以及人们对待它们的行为。

2. 通过查阅资料，了解动植物生存的环境及习性。

3. 分析当地生态环境好或坏的原因。

4. 对当地的生态管理提出合理化建议。

活动指导

1. 提倡实地考察，同学可以在自己的家乡进行，也可以选择城市公园。

2. 走入自然，细心观察，仔细做好观察笔记。

3. 有条件的可以到当地环保和园林部门采访调查，获取准确、详细的资料。

活动反思

____

____

____

____